QUAND LES COCHONS SAURONT VOLER

Du même auteur

Liaisons généreuses. L'apport du français à la langue anglaise, Arléa, 2010.

De A à Z : la lettre dictionnaire, Grenoble, 2008.

L'Esprit de la lettre : la vie secrète de l'alphabet, Éditions Alternatives, 2007.

Art Dico. À la découverte de lettres illustrées du dictionnaire, Éditions Alternatives, 2005.

Famous Five Lines, Grenoble, 1986.

L'Essentiel de la grammaire anglaise, avec O. Samson et F. Fossi, Bordas, 1982.

THORA VAN MALE

Quand les cochons sauront voler

... les poules auront des dents !

Les expressions françaises
and their English equivalents

l'Archipel

www.editionsarchipel.com

Si vous souhaitez recevoir notre catalogue
et être tenu au courant de nos publications,
envoyez vos nom et adresse, en citant
ce livre, aux Éditions de l'Archipel,
34, rue des Bourdonnais 75001 Paris.
Et, pour le Canada, à Édipresse Inc.,
945, avenue Beaumont,
Montréal, Québec, H3N 1W3.

ISBN 978-2-8098-1270-1

Introduction

Les expressions imagées constituent un riche gisement culturel ; subtilement, elles informent sur la façon dont les locuteurs d'une langue mettent leur monde en images. Derrière chaque expression imagée réside une histoire : apocryphe ou documentée, vraisemblable ou saugrenue, unique ou multiple.

Conçues comme une curiosité linguistique, elles font l'objet de sections à part dans les dictionnaires, car le premier sens du « mot-clé » de l'expression n'est jamais celui que véhicule l'ensemble : l'*anguille* qui est sous roche n'est jamais une anguille, pas besoin de mariage pour faire la *noce*.

Des ouvrages extrêmement sérieux ont été consacrés aux expressions imagées ; parmi eux, citons la somme du regretté Claude Duneton, *Le Bouquet des expressions imagées*, et le *Dictionnaire des expressions et locutions* d'Alain Rey et Sophie Chantreau.

De même que le nom de Duneton est associé à l'étude des expressions imagées françaises, celui de Jean-Loup Chiflet rappelle leur confrontation, ludique, avec l'anglais. Dans *Sky, My Husband*, Chiflet s'est amusé à présenter des expressions idiomatiques françaises et anglaises, avec leurs traductions littérales réciproques : ouvrage hilarant par le côté burlesque de la traduction mot à mot.

C'est lors de discussions avec Claude Duneton que m'est venue l'idée du présent ouvrage. Très anglophile (sa seule lecture de la presse quotidienne était le très britannique *Daily Telegraph*), Duneton était aussi un chercheur invétéré. Nous avons évoqué ensemble l'intérêt d'un travail comparatif où l'on tenterait d'expliquer l'origine de ces expressions, dans les deux langues. L'objet du livre ne serait pas d'en rire – encore que l'humour en soit une composante importante – mais d'expliquer, d'analyser, de laisser voir. L'intérêt résiderait non seulement dans chaque comparaison, mais aussi dans l'impression d'ensemble : comment le français et l'anglais mettent-ils en images leur monde ? Dans quelles ressources puise chacune de ces langues ? Les grands auteurs « fournisseurs d'expression » sont-ils comparables de part et d'autre de la Manche ?

*

Étant donné les milliers d'expressions imagées en anglais et en français, il a fallu effectuer un tri.

Premier principe : le livre prendrait comme point de départ l'expression française. Furent donc écartées les expressions françaises ne possédant pas un équivalent *imagé* en anglais, ainsi que celles qui sont quasiment identiques en anglais.

Second principe : ne seraient incluses que les expressions d'une assiette culturelle médiane dans les deux langues. Ce qui me conduit à me présenter, du moins linguistiquement. Je suis une anglophone de Colombie-Britannique, et j'habite en France depuis longtemps ; mon anglais est à présent un peu « mi-atlantique », et si mon français est honorable, il reste celui d'une non-native. Cet ouvrage est nécessairement le reflet de mon propre idiolecte.

Chaque expression imagée française ne possède pas nécessairement en anglais une sœur jumelle, un frère jumeau. J'ai dû donc, parfois, identifier les zones de convergence entre les deux langues, tout en reconnaissant certains voisinages plus ou moins proches. À l'occasion, c'est une anecdote historique amusante qui a déterminé l'orientation de telle ou telle rubrique.

*

Ce livre est destiné aux personnes qui s'intéressent à la langue. À la langue tout court ; au français et à l'anglais en particulier. Pas besoin d'être anglophone pour apprécier ce travail, ni angliciste. Mais ces deux qualités permettront une meilleure application de ce qui s'y raconte, une contextualisation plus large.

Ce n'est pas un livre de cours, mais plutôt un assemblage d'éléments divers, à picorer. À cette fin, je me suis fait un point d'honneur de le rendre aussi peu scolaire que possible et d'éviter les tournures qui n'existent que dans les dictionnaires.
Les expressions sont souvent appliquées à une situation, et non pas présentées à l'infinitif. D'ailleurs, quel peut bien être l'infinitif d'une expression comme *Les bras m'en tombent* ?
Cette hypothétique troisième personne du singulier qui habite les dictionnaires – celui qui, par exemple, *se fait appeler Jules* ou qui *se fait remonter les bretelles* – est souvent rendu par YOU, mot qui a l'avantage supplémentaire d'éliminer le possessif genré en anglais (HIS, HER).
Les verbes anglais, à l'infinitif, sont présentés sans la particule TO.

Quelques clés de lecture typographiques :
– les *italiques* sont utilisées pour les expressions françaises, les mots étrangers, les titres de livres (de journaux, de pièces de théâtre, etc.) et, naturellement, pour mettre de l'emphase ; elles signalent également quelques phrases anglaises en dehors des expressions imagées.
– les caractères **gras romains** signalent les expressions anglaises traitées dans le livre.

Enfin, un index en fin d'ouvrage permet de rechercher les expressions à partir d'un mot-clé en anglais ou en français.

*

Pour ce travail, je me suis appuyée sur quelques ouvrages fondamentaux :
– le *Dictionnaire historique de la langue française*, d'Alain Rey,
– le *Dictionnaire d'expressions et locutions* d'Alain Rey et Sophie Chantreau,
– l'*Oxford English Dictionary* (en ligne),
– la Bible (en anglais et en français).
Pour alléger le texte, je n'ai pas proposé de note de bas de page pour ces ouvrages (une bibliographie complète se trouve page 321). Ainsi, les datations et définitions qui ne sont pas référencées proviennent-elles, pour le français, du *Dictionnaire historique de la langue française* et, pour l'anglais, de l'*Oxford English Dictionary.* Lorsque je cite Rey et Chantreau, il s'agit de leur *Dictionnaire d'expressions et locutions.*

Sauf indication contraire, les traductions sont les miennes.

A

Être aux **anges**

En français comme en anglais, l'extrême bonheur semble souvent se situer au ciel ; soit le ciel connu pour ses manifestations météorologiques, soit celui que visent tant de croyants pour leur au-delà. Inutile, donc, d'expliquer la locution *être aux anges*. Deux mots, mais guère plus, pour *le septième ciel* (qui possède son équivalent exact en anglais **seventh heaven**) : l'expression dérive de la cosmogonie antique, et la notion de plusieurs cieux, constitués de

sphères concentriques numérotées, est propre à de multiples religions (islam, judaïsme, hindouisme...). Le septième ciel, selon la variante qui sied à chacun, possède des qualités ineffables.
Ne quittons pas le ciel : l'anglais offre également le nuage numéro neuf, **cloud nine**. Les uns affirment que la locution trouve ses origines chez les météorologues américains ; jadis, dans leur classement des nuages, la neuvième catégorie était celle des cumulonimbus, qui ressemblent à de gros coussins confortables. Certains la lient à la neuvième phase de l'illumination du Bouddha. D'autres, étant donné la jeunesse de cette expression, pensent qu'elle tire son origine de l'une ou l'autre des nombreuses chansons populaires de la seconde moitié du XXe siècle dont c'était le titre. On vous laisse juge.
Un ange passe. Réglons vite une question qui vous tarabuste : quel est *le sexe des anges*? Les anglophones ignorent totalement la question et encore plus sa réponse. Ce qui les tourmente, eux, c'est de savoir combien d'anges peuvent danser sur une tête d'épingle : **how many angels can dance on the head of a pin ?**

Il y a **anguille** *sous roche*

Quand *il y a anguille sous roche*, il y a quelque chose de caché, quelque chose de pas clair, quelque chose de louche. En anglais, on dirait, par exemple, **I smell a rat** (je sens l'odeur d'un rat), voire **there's something fishy here**

(je sens ici une odeur de poisson). Un peu plus fort, et avec des relents de corruption éventuelle, s'utilise parfois une phrase de Shakespeare : **something is rotten in the state of Denmark** (« Il y a quelque chose de pourri au royaume du Danemark », *Hamlet*, I, IV).

Et connaissez-vous la vieille expression *faire comme les anguilles de Melun* ? Rabelais en révèle le sens dans *Gargantua* : « Merde ! Merde ! dit Picrochole, vous êtes comme les anguilles de Melun : vous criez avant qu'on vous écorche. » Il semblerait qu'au Moyen Âge un personnage nommé Languille ait joué, dans un mystère représenté à Melun, le rôle de saint Barthélemy (qui, rappelons-le, fut écorché vif). Dès qu'il voyait arriver sur scène le personnage qui jouait le rôle de l'écorcheur, Languille se mettait à pousser de hauts cris. L'équivalent de cette expression en anglais? Le mieux qu'il puisse offrir, c'est le proverbe écossais, **don't cry before you're hurt** (ne crie pas avant d'avoir mal).

☞ *Quelque chose de* **louche**

Le plus simple appareil

Avant de croquer la pomme, Adam et Ève étaient dans *le plus simple appareil* (dira-t-on d'Ève qu'elle était *en tenue d'Adam*?). Les œuvres d'art médiévales les montraient ainsi ; à partir du XVIe siècle, cette nudité étant considérée comme choquante, on ajouta (sur les tableaux, les sculptures) des feuilles pour couvrir les « parties honteuses ».

Plus récemment, ces ajouts furent parfois retirés lors de restaurations.

L'Anglais dira **birthday suit**, parfois **in the altogether**, voire **in the buff**. Le premier terme s'est appliqué, autrefois, à la tenue que l'on se faisait faire pour la porter le jour de l'anniversaire du roi, en Angleterre ; par extension humoristique, il désigne celle que chacun de nous a portée le jour de sa naissance. La seconde formule (littéralement « le tout ensemble ») comporte également une petite note d'humour, celui qui est nu montrant « tout ». Quant à la troisième, elle découlerait du mot français *buffle* ; en anglais, elle désigne habituellement la peau de cet animal, ou une tunique fabriquée en peau de buffle, de couleur jaune-beige.

☞ **Feuille** *de vigne (ou de figuier)*

Une **araignée** *au plafond*

Selon une métaphore architecturale, le plafond c'est la boîte crânienne ; être *bas de plafond*, par exemple, c'est être inintelligent, selon cette idée ancienne liant le physique (la hauteur du front) et le mental. Véhiculant une autre idée toute faite – les araignées fréquentent les endroits inoccupés et pas très propres –, *avoir une araignée au plafond* (1866) signale des facultés mentales

défaillantes, ou bien, au contraire, des tendances carrément obsessionnelles. Le *petit vélo dans la tête*, de facture plus récente, évoque également un comportement un peu cinglé (un peu, car le vélo est petit).
L'anglais passe également par l'architecture pour une locution équivalente – sauf qu'ici on va plus haut que le plafond : **have bats in your belfry** (littéralement, « avoir des chauves-souris dans le beffroi »). L'image d'un lieu élevé, occupé cette fois par des mammifères battant aveuglément des ailes, n'est pas si loin de celle de la locution française. D'origine américaine, cette expression date d'un peu plus d'un siècle ; comme son équivalent français, elle reste gentillette.
Apprécions, en conclusion, l'adjectif *batty* (littéralement, « comme une chauve-souris »), dans une expression telle que *You're driving me batty*, tu me rends dingue ; on ne peut la comprendre qu'à la lumière du beffroi.

☞ *Il lui manque une* **case**

Laisser une **ardoise**

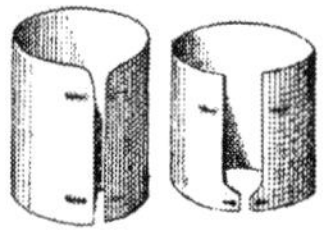

Autrefois, le cafetier notait sur une ardoise les sommes qu'on lui devait ; plus tard, ce système fut remplacé par un long clou courbé où l'on piquait les tickets de caisse des consommateurs (qui paieraient avant de partir, au contraire des pays anglo-saxons où l'on paie au bar en commandant). La possibilité de *laisser une ardoise* a vécu, sans compter – voyez les écriteaux dans les cafés, les petits commerces – que « Crédit est mort, les mauvais payeurs l'ont tué ». À présent, une ardoise est tout simplement une dette.

En anglais, deux options idiomatiques s'ouvrent à celui qui souhaite partir sans payer ; il peut obtenir quelque chose **on tick** (raccourci de *ticket*, littéralement « [noté] sur un billet », c'est-à-dire un petit morceau de papier), ou bien **on the cuff** (littéralement « sur la manchette »). La première ressemble en tout à la situation française. Quant à la seconde, américaine, elle provient d'une pratique qui aurait existé chez les barmen du début du XIXe siècle : dans la précipitation, ils notaient parfois les sommes dues sur leurs manchettes amidonnées (et détachables). Étymologie apocryphe ou non, l'expression perdure[1]. Et connaissez-vous le vénérable **IOU** (prononcez « Aïe Oh You », c'est-à-dire *I owe you*, « je vous dois ») ? Cette formulation existe en anglais depuis le XVIIIe siècle. Un **IOU** est à la fois une dette et le document qui la formalise.

Revenons à notre ardoise, que l'anglais reconnaît malgré tout : toutes les idées contenues dans les deux paragraphes ci-dessus sont véhiculées par l'expression **wipe the slate clean** – littéralement, « essuyer l'ardoise », et donc *éponger la dette* – qui peut aussi se dire *remettre les compteurs à zéro.*

*Travailler d'*arrache-pied

Travailler d'arrache-pied, avoir le nez dans le guidon, donner un coup de collier, ne pas épargner sa peine, suer sang et eau. Stop, c'est épuisant !

---

1. Comme une autre, **off the cuff** (littéralement, « depuis la manchette »), qui signifie « impromptu » ; lorsqu'un homme devait faire un discours, par exemple, il le faisait à partir de notes inscrites sur ses manchettes. Cette expression remonterait, dit-on, à une séquence hilarante des *Temps modernes* (1938), film où Charlie Chaplin inscrit les paroles d'une chanson sur ses manchettes.

Reprenons. Tout d'abord, il faut se coller au boulot : on dira **buckle down** (bouclez-vous). Cette expression (aujourd'hui plutôt américaine) remonterait au Moyen Âge : lorsqu'un chevalier mettait son armure, il devait en attacher les boucles pour la faire tenir sur lui. Ainsi, il était prêt pour la bataille.

La métaphore du véhicule hippomobile embourbé donne lieu à une expression en français comme en anglais ; seul diffère le point de vue. En français, on peut vous inciter à *donner un coup de collier*; on vous met à la place d'un animal de trait. En anglais, on dira **put your shoulder to the wheel** (mettez votre épaule contre la roue) ; on vous met à la place d'une personne qui descend du véhicule et pousse la roue, histoire d'aider les bœufs (ou les chevaux). Ensuite, on vous incite à *travailler d'arrache-pied*: **keep your nose to the grindstone** (gardez votre nez sur la meule). D'aucuns suggèrent que l'expression provient du travail des émouleurs[1] ; vous les avez sans doute vues, ces images d'ouvriers à Thiers, par exemple, alignés, couchés à plat ventre, chacun avec une meule en dessous du torse.

1. Ah, vous ne connaissez pas les émouleurs ? Parfois on les nomme couteliers – mais non pas rémouleurs avec un *R*, car le rémouleur aiguise un couteau émoussé ; l'émouleur l'aiguise pour la première fois.

Leur position de travail était caractérisée, justement, par le fait d'avoir le nez tout près de la meule.

*À l'***article** *de la mort*

De nos jours, le lien étymologique entre *article* et *articulation* n'est guère ressenti. Pourtant, c'est ce rapport qui nous aide à comprendre *l'article de la mort*. L'article est une jointure, un entre-deux, une transition ; par extension, le mot désigne un moment (qui par la force des choses vient après un certain moment et avant un autre ; comme se succèdent les articles de loi, les articles du dictionnaire). L'expression française découle du latin *in articulo mortis* ; d'ailleurs, les auteurs français des XVIIIe et XIXe siècles se servaient directement de la formule latine dans leurs écrits (Voltaire, Balzac, Eugène Sue…).
De moins noble lignée, un peu plus familière, et plus facile à comprendre, l'expression anglaise **at death's door**

(littéralement, « à la porte de la mort »). Comme la locution française, elle est employée également pour décrire un moment critique dans une maladie, même si la mort n'est pas attendue dans l'instant.
Puisque nous frisons la mort, jetons un coup d'œil à son incarnation terrestre : en français, on connaît **la Faucheuse**. De prime abord, **the Grim Reaper** pourrait lui ressembler, *le Sinistre Faucheur*. Comme l'article grammatical anglais n'indique pas le genre, on se prend à douter : faucheur ou faucheuse ? Les définitions des dictionnaires anglais sont claires : selon elles, cette personnification de la mort prend la forme soit d'un vieil homme, soit d'un squelette. Dans un texte sur la vie et la mort, Randy Pausch, professeur d'informatique américain, évoque **the Grim Reaper** ; on y lit : « La question est de savoir ce que nous faisons entre le moment de notre naissance et le moment où *il* rapplique. » « Il », c'est bien le Faucheur.

☞ *Jusqu'à ce que* **mort** *s'ensuive*

B

Tout baigne

À l'origine, cette expression – *tout baigne*, sous-entendu *dans l'huile* – renvoyait aux rouages d'un mécanisme ou d'un arbre moteur qui, lorsqu'ils sont correctement huilés, fonctionnent sans risquer de se gripper. Plus tard, le remplacement du mot *huile* par *beurre* recontextualisait l'expression dans le monde culinaire. Par métaphore, elle veut dire que tout fonctionne bien, sans anicroche, que tout va bien.

Depuis le début du XXe siècle, l'anglais américain se sert de l'expression **everything is peaches and cream**[1] (littéralement, « tout est pêches et crème fraîche ») pour décrire une situation tout à fait plaisante, où tout va parfaitement bien. Déjà, depuis le début du XVIIIe siècle, le mot *peach* désigne une chose ou une personne particulièrement belle ou désirable, ou bien exemplaire ; mais, attention, l'affaire ne se limite pas aux femmes !

1. Abrégée le plus souvent en *peaches and cream.*

Si une assiette de pêches à la crème fraîche n'évoque pas instantanément le bien-être, que dire de **hunky-dory** et de **tickety-boo** ? Il n'existe aucune explication satisfaisante pour ces deux expressions intraduisibles, la première plutôt américaine, la seconde britannique. En janvier 2009, dans un quotidien de Newcastle, on pouvait lire : *the whole world is waiting for* [Obama] *to transform the US economy, restore world confidence, energise the markets and make everything hunky dory...* (« ... le monde entier compte sur Obama pour transformer l'économie américaine, rétablir la confiance mondialement, donner un coup de fouet aux marchés et faire que tout baigne dans l'huile... »).
Et, malgré son côté désuet, on rencontre encore **tickety-boo** dans les quotidiens britanniques.

Du **balai** *!*

Cette expression – ainsi que l'image qu'elle véhicule – doit à ce point aller de soi que les lexicographes y consacrent rarement plus d'une laconique « formule de renvoi » dans leurs dictionnaires. Dans la même lignée que *du balai*, l'expression *du vent* serait une ellipse pour « fais du vent en filant très vite ». Encore plus elliptique, l'emploi du seul mot *file*[1] ! Il reste la possibilité de *mettre les bouts*, sous-entendu, les bouts de bois, les jambes.

1. Ce n'est qu'au XVIIIe siècle que ce verbe ajoute le sens présent aux acceptions anciennes, notamment « couler », « s'écouler », « transformer en fil, dérouler de façon continue », « développer progressivement ».

Pour transmettre une invitation à déguerpir, l'anglophone possède une belle panoplie dans le registre familier. Lorsqu'il dit **beat it**, cependant, il ne sait pas ce qu'il s'agit de battre. Mais vous, francophone, vous le devinez, car il vous arrive parfois de *battre le pavé* (ou *la campagne* – au sens propre, bien sûr). Oui, c'est le pavé que l'on bat quand on décampe, et la tournure raccourcie (qui date de 1906) remonte à l'expression **beat the streets** (littéralement, « battre les rues ») qui date, elle, d'il y a plus de mille ans en anglais.
Vous ne connaissez pas l'expression **beat it**? Demandez donc à un de ses fans de citer une chanson hyperconnue de Michael Jackson ; il y a de bonnes chances que l'on vous réponde « Beat It » ! La chanson est sortie en 1982, a connu un succès mondial, s'est énormément vendue sous forme de *single*, et a gagné de très nombreuses récompenses. Elle commence par : « Ils lui ont dit, ne viens pas par ici ; on veut pas voir ta gueule ; tu ferais bien de disparaître. » Plus de cinquante fois, Michael Jackson répète l'injonction, **beat it !**, c'est-à-dire *barre-toi, dégage…*

Elle a un joli **bas** *de laine*

Cela fait tout de même un peu moins Harpagon de dire *bas de laine* que de dire *magot*. Du temps où l'on économisait surtout les pièces d'or ou d'argent, la pratique de les réunir dans un bas que l'on cachait donna lieu à cette formule. En anglais, c'est une expression de basse-cour qui nous fournit la locution équivalente : **nest-egg**. Prise mot à mot, elle semble vouloir dire « œuf de nid », et c'est un peu le cas, puisque c'est le nom anglais de cet œuf en plâtre que l'on met dans le nichoir d'une poule qu'on souhaite faire pondre – en français un *nichet*. Cet œuf en attire d'autres ; d'ailleurs, l'expérience d'un chercheur américain sur une femelle passereau (on ne dit pas « passerelle », n'est-ce pas ?) l'aurait démontré. Chaque jour, il retirait tous les œufs du nid de cette pauvre oiselle, sauf un ; à la fin de l'expérience – quand elle a refusé de continuer à se faire avoir ? –, elle en avait pondu soixante-douze, alors que la nichée habituelle était de moins d'une demi-douzaine[1]. Pour revenir à l'expression figurée, l'idée serait qu'un sou économisé en attire un autre, et ainsi de suite.

L'origine du mot *pécule* (XIIIe siècle) rappelle une situation qui n'est pas sans lien avec l'anecdote de l'œuf en plâtre. Du latin *peculium*, ce mot désigna, tour à tour, la petite part du troupeau laissée en propre à l'esclave qui le gardait, le petit bien amassé par l'esclave, puis de l'argent amassé.

Il m'a mené en **bateau**

À l'origine, le bateau de l'expression n'était pas le moyen de transport que nous connaissons, mais l'instrument d'un escamoteur, le gobelet du joueur de bonneteau, voire l'escamotage lui-même. L'escamotage, ou prestidigitation, était une spécialité des bateleurs, jongleurs et autres forains, traditionnellement un peu arnaqueurs et pickpockets. *Mener quelqu'un en bateau*, c'est le tromper, le mystifier, le duper ; y est véhiculée l'idée selon laquelle le trompeur mène sa victime là où elle n'avait pas forcément envie d'aller.

1. Anecdote tirée de *Why Do We Say It?*, 1985.

La tournure **take someone for a ride** (emmener quelqu'un faire un tour en voiture) implique, comme l'expression française, que le trompeur « promène » sa victime. Là encore, les intentions sont douteuses. Voici la définition du *Oxford English Dictionary*: « tromper, monter un canular, tricher ». Une sombre toile de fond flotte derrière cette expression qui, dans le jargon des criminels de l'Amérique prohibitionniste, décrivait une pratique utilisée pour se débarrasser d'un gêneur : on l'invitait à faire un tour en voiture, dont parfois il ne revenait pas: il arrivait qu'on le jette à l'eau après lui avoir coulé des chaussettes en béton.
D'apparence aimablement champêtre, enfin, l'expression **lead someone up the garden path**[1] (conduire quelqu'un au bout de l'allée du jardin) ne doit pas leurrer. Il s'agit encore de tromper en donnant de faux espoirs, d'attirer dans le dessein de berner. De nouveau, le trompeur offre au trompé de l'emmener en promenade.
En voilà, des balades néfastes !

☞ *Tu me fais* **marcher**

1. Ou sa version américaine, **lead someone down the garden path**.

Mettre des **bâtons** *dans les roues*

Pour freiner une charrette, autrefois, on pouvait toujours essayer d'appuyer un bâton sur l'une des roues ; mais enfoncer le bâton entre les rayons la bloquait brutalement. Le pluriel est ainsi superfétatoire dans l'expression *mettre des bâtons dans les roues*, c'est-à-dire susciter des difficultés à quelqu'un, faire obstacle à quelque chose. L'expression française date de 1807, ses équivalents en anglais du début du XXe siècle. En 1907, l'anglais américain offre **throw a monkey wrench into the machinery** (littéralement, « jeter une clé à molette dans le mécanisme ») ; deux décennies plus tard, l'anglais britannique (sous la plume de l'inénarrable P. G. Wodehouse) propose **throw a spanner in the works** (littéralement, « jeter une clé à molette[1] dans les rouages[2] »). Le geste ressemble fortement à du sabotage ; pourtant, les définitions sont claires dans les deux cas : empêcher le bon fonctionnement de quelque chose, perturber, créer la confusion. Mais pas saboter pour autant.

Ces expressions servent uniquement au figuré ; est-ce l'image de cet outil jeté à même les engrenages, cette brutalité du métal contre métal, qui fait sa puissance ? En 1931, on a dit de l'homme politique David Lloyd George

1. En anglais britannique, *spanner* désigne le même outil que le *monkey wrench* américain.

2. Et on note en passant – de proche en proche on finit par s'éloigner ! – que *A Spaniard in the Works* est à la fois un jeu de mots et le titre d'un recueil de textes loufoques que le Beatle John Lennon a publié en 1965.

qu'il avait « brutalement jeté une clé à molette dans les mécanismes déliquescents et délabrés du libéralisme[1] ».

Battre *froid*

Quand je dis « Untel me *bat froid* », c'est qu'il me manifeste de la froideur, de l'indifférence. D'après Littré, le choix du terme *battre*, ici, remonte au travail du forgeron qui, au lieu de battre le fer à chaud, le bat à froid. Nous n'en saurons guère plus pour le moment, car Littré et consorts n'élucident pas la façon dont *battre à froid* est devenu *battre froid*, et un cours sur le forgeage à froid n'a pas sa place dans ces pages.

La notion de froid est également présente dans l'expression anglaise **give someone the cold shoulder** (littéralement, « lui donner l'épaule froide », une formule introduite

1. « Mr. Lloyd George hurled a monkey wrench last night into the creaking and decrepit machinery of Liberalism » (*Daily Express*, 16 octobre 1931).

en anglais par Walter Scott en 1816). Nombreux sont les commentateurs qui expliquent cette expression par une façon de se comporter avec un invité qui prolonge indûment son séjour, ou bien une personne qui arrive inopinément à l'heure du dîner : au lieu de lui offrir un bon repas chaud, on lui sert de l'épaule (d'agneau) froide.
Mais les plus tatillons disent « non » : aucune indication entourant les premiers usages de l'expression ne permet de la relier à la cuisine. Il s'agirait simplement, pour ces spécialistes, de la description du mouvement d'une personne qui se détourne de quelqu'un en signe de dédain, lui présente son épaule, instaurant ainsi un « froid » dans la relation.

Refiler le **bébé**

C'est déjà très mal parti avec le seul verbe *refiler*, qu'Alain Rey définit comme « donner, rendre quelque chose de défectueux, avec l'idée de tromperie ». Le même définit (avec Sophie Chantreau) *refiler le bébé* comme « se débarrasser sur quelqu'un d'un problème encombrant ». Pauvre bébé !

L'expression équivalente en anglais, c'est **pass the buck**. Si vous connaissez l'anglais, vous aurez peut-être envie de la traduire par « passer le dollar » – mais ce serait anachronique, car le *buck* dont il s'agit ici, c'est le cerf, par allusion à un couteau au

manche en bois de cerf (c'est-à-dire la « corne » de l'animal). L'expression vient du poker. Imaginez un saloon américain au XIXe siècle, des joueurs de poker un peu bandits sur les bords. Ambiance. Pour éviter les coups fourrés, la distribution des cartes est assurée à tour de rôle ; et, pour marquer chaque passage de relais, un couteau est posé devant celui qui distribuera au prochain tour. Le couteau symbolise, en quelque sorte, le passage de responsabilité à travers le jeu. Plus tard – quand les joueurs étaient moins armés? –, le couteau fut remplacé par une pièce d'un dollar en argent. Voilà pourquoi, dans le langage familier actuel, on dit *buck* au lieu de *dollar*.
En 1952, dans le bureau ovale, sur la table de travail du président des États-Unis, Harry Truman, figurait un petit écriteau où le visiteur pouvait lire : *The buck stops here*. Par là, Truman entendait signifier que chacun devait prendre ses responsabilités. Truman a rappelé dans son discours d'adieu que le président, au sommet de la pyramide, est la dernière instance, et ne peut « refiler le bébé » à personne d'autre : *He can't pass the buck to anybody*.
L'anglais rejoint le français lorsque cette locution s'exprime au passé : *on m'a refilé le bébé*; **I was left holding the baby** (on m'a planté là, le bébé dans les bras).

☞ *Porter le* **chapeau**

Rester le **bec** *dans l'eau*

L'expression française, qui équivaut à peu près aujourd'hui à se retrouver berné, voir s'envoler un bénéfice qu'on escomptait, remonte à *tenir le bec dans*

l'eau à quelqu'un : le repaître de belles espérances, l'amuser de belles paroles, le tenir en attente. *Ne point tenir à quelqu'un le bec en l'eau*, c'était l'empêcher de s'enivrer (Rey, Chantreau). Acceptions aujourd'hui perdues.

L'élément liquide est remarquablement absent dans l'expression anglaise équivalente : **be high and dry**, littéralement « être au sec et en hauteur ». Elle désigne un bateau échoué sur une plage ou un récif à marée basse, qui a donc peu de chances d'être rapidement remis à l'eau. Joli renversement de situation, pour décrire la frustration et la déception !

D'autres becs ? *Clouer le bec à quelqu'un*, en anglais c'est le lui fermer : **shut someone up**. Parmi les nombreuses expressions pour une *prise de bec*, sélectionnons **dust-up** (1897 ; littéralement, « montée de poussière », mais dans le sens de *coup de torchon*) ; le contexte des premières citations de l'*Oxford English Dictionary* suggère une querelle rapide, que l'on imagine à l'extérieur d'un saloon, une sorte de bagarre express.

C'est du **bidon**

Qu'est-ce qui lie le bidon (de lait, par exemple) à la notion de « bluff », ou de « n'importe quoi » ? Question qu'il eût fallu poser à Charles Trenet… D'après un autre expert digne de foi, Alain Rey, les origines exactes du mot *bidon* sont aujourd'hui perdues ; néanmoins, on peut, dit-il, affirmer que ce mot existe dans la langue française depuis le XVIe siècle pour désigner un récipient. Il semble que la similitude entre les mots *bidon* et *bedon* (ventre rebondi) puisse conduire au sens qui nous intéresse ici. Une acception aujourd'hui disparue du mot *bidon* – « drap plié de manière à gonfler, à former un ventre et faisant illusion » – expliquerait le sens imagé que nous lui connaissons[1]. En effet, il arrivait que l'on tentât de faire illusion sur la taille ou la quantité d'une marchandise en la faisant « gonfler », en la rendant « ventrue ». Autre exemple : en bourrant un portefeuille de papiers pour qu'il ait l'air d'être rempli de billets de banque, on lui faisait un « bidon ». L'anglais offre de nombreuses locutions pour véhiculer l'idée de ce bidon-là. Florilège :

MOT	DATE	SENS LITTÉRAL	COMMENTAIRE
Codswallop	1959	(Origine inconnue)	Ce terme commence déjà à faire un peu désuet
Horsefeathers	1928	Plumes de cheval	Expression américaine (euphémisme pour *horseshit*[2]) ; un peu surannée
Nonsense	1678	Non-sens, bêtises	Expression passe-partout
Poppycock	1852	Reprise du mot néerlandais *poppekak* : excrément de poupée	L'anglophone qui emploie cette expression n'a aucune notion de son origine
Rubbish	1576	Déchets, ordures	Formule principalement britannique
Tommy-rot	1884	Diminutif du nom *Thomas* + *rot* (pourriture)[3]	Encore une locution surannée

1. Non, il ne s'agit pas de grossesse feinte !
2. Ne figurent pas dans cette liste des formules vulgaires du même ordre d'idée telles que « rien que des conneries » ou « bla bla bla bla, mon cul » ; *horseshit* (merde de cheval) en ferait partie.
3. Le mot *Tommy* a partie liée avec les militaires anglais du XIXe siècle puisque le nom *Thomas Atkins* était donné, à partir de 1815, comme nom « exemple » du soldat de deuxième classe dans les documents et formulaires de l'armée britannique. Autre explication : ce *Tommy-là* serait plutôt lié au vocable familier *tummy* (estomac), donc « pourriture d'estomac ».

Ces expressions peuvent toutes servir comme interjection, ou bien dans une phrase du type **That's rubbish**.

Apporter de la **bière** *à Munich*

Apporter de la bière à Munich n'aurait aucun sens, puisque Munich est une ville de brasseurs et de buveurs de bière. *Mutatis mutandis*, ce développement sur Munich s'applique à toutes les expressions construites sur le même modèle. Pourquoi *porter de l'eau à la rivière*, ou *porter de l'eau à la mer*?

En anglais, cette idée est rendue par **carry coals to Newcastle**, apporter du charbon à Newcastle. Il s'agit de Newcastle-upon-Tyne ; au XVIIe siècle, cette ville était le plus grand exportateur de charbon de toute l'Angleterre. Et, naturellement, l'expression fit son apparition en anglais à cette période. Devinette : quelle ville est aujourd'hui le plus grand exportateur de charbon au monde? Eh bien, il s'agit de Newcastle, en Australie. L'expression n'a donc pas entièrement perdu sa raison d'être.

D'autres langues illustrent ce même thème, chacune à sa façon. En allemand, on se sert d'un proverbe attribué à Aristophane qui se traduirait par « porter des chouettes à Athènes », allusion à l'oiseau de nuit qui est l'emblème d'Athéna et le symbole d'Athènes. En farsi, semble-t-il, on évoque l'idée de « porter du cumin à Kerman » (Iran). Pour finir, en russe, « on ne va pas à Toula avec son samovar » ; on l'aura deviné, cette ville était très renommée dans la Russie impériale pour les samovars que l'on y fabriquait.

Ce blanc-bec est un **bleu**

Français et anglais ne manquent pas de termes pour désigner – avec un brin de mépris – le jeune, le nouveau dans la classe, le novice dans le métier. Commençons par le *bleu*, terme d'origine militaire. Au XVIIIe siècle, il arrivait souvent que les recrues d'origine paysanne se présentent à la caserne dans la blouse bleue qui était leur vêtement quotidien ; ainsi, le mot en vint à désigner tout jeune militaire fraîchement incorporé, puis tout néophyte. *N'avoir pas de poil au menton* ne requiert pas d'explication ; apprécions la poésie de *Si on lui pressait le nez, il en sortirait du lait* ! L'anglais n'est pas en reste. Certaines expressions sont relativement évidentes : **he's still wet behind the ears** (littéralement, « il est encore mouillé derrière les oreilles »), allusion au nouveau-né qui n'a même pas eu le temps de sécher complètement. Autre allusion, mais plus opaque, à un être fraîchement né, **greenhorn** (littéralement, « corne

verte »). On dit qu'au Moyen Âge, selon une pratique linguistique qui n'est pas documentée – et donc sujette à caution –, un veau à la naissance se nommait ainsi, parce que ses cornes étaient encore à l'état de bourgeons. Admettons. En revanche, est attesté l'usage de ce terme pour désigner les jeunes recrues à l'armée : première citation en 1650. Dans la foulée, le terme s'est étendu à toutes sortes de domaines.
Enfin, terme d'origine américaine, **rookie**, serait une création, composée de la contraction du mot *recruit* (recrue) et du diminutif *y*. Au départ, il s'appliquait aux forces armées et à la police. Les amateurs de romans policiers américains connaissent bien le **rookie**.

Bonnet *blanc et blanc bonnet*

Dire que c'est *bonnet blanc et blanc bonnet*, c'est affirmer que deux choses, initialement présentées comme différentes, sont semblables. Pourtant, un adjectif qui précède un nom est censé lui conférer une valeur toute différente de celle d'un adjectif postposé[1] ; pensez à la différence entre « blanche colombe » et « colombe blanche ».
Mais l'anglais ne possède pas ces finesses syntaxiques, et c'est tout autrement que cette notion est véhiculée. Les anglophones d'Amérique du Nord emploient **six of one, half a dozen of the other** (six de ceci et une

1. Renseignons-nous vite auprès d'une autorité (*Le Bon Usage* de Grevisse) : l'adjectif placé avant le nom possède une valeur qualitative, exprimant un jugement, une impression, une réaction subjective, souvent affective. Postposé, sa valeur est discriminative, énonçant un caractère spécifique, une catégorie, une qualité physique, une appartenance locale ou temporelle.

demi-douzaine de cela). Sauf à citer l'auteur américain qui semble avoir introduit cette formule en anglais (Frederick Marryat, 1836), les spécialistes restent discrets. La locution britannique fait allusion à la fête foraine : **it's swings and roundabouts** (il s'agit de balançoires et de manèges). L'expression véhicule une nuance supplémentaire : deux choses se valent parce qu'elles se compensent ; ce que l'on perd d'un côté, on peut le gagner de l'autre.

Bonnet *d'âne*

Dans le monde de l'enseignement, l'âne – animal supposé ignare autant que têtu – a joué de nombreux rôles : le *bonnet d'âne*, vous connaissez, même si vous ne l'avez jamais coiffé ; le *guide-âne*, aide-mémoire pour les débutants dans un métier[1] ; la *peau d'âne*, nom donné par

1. En papeterie, l'anglais possède son propre « bonnet d'âne » (*foolscap*) : c'est un format de 20 x 30 cm ou bien de 30 x 40 cm. L'origine serait un motif de filigrane du XVIIe siècle, en forme de bonnet de bouffon.

dérision à un diplôme universitaire ; ou le *pont-aux-ânes*[1], une question classique, mille fois rebattue, que tout le monde sait résoudre mais que certains refusent encore de comprendre.

Les anglophones possèdent, eux aussi, leur couvre-chef censé faire honte au mauvais élève, désigner l'enfant puni ; mais il n'a rien à voir avec les oreilles de l'âne. Il ressemble plutôt à un hennin, c'est-à-dire un long chapeau pointu. On peut s'étonner que le nom donné à ce signe d'infamie caractéristique du monde des écoliers soit celui d'un des plus grands savants du Moyen Âge, John Duns Scot. C'est le **dunce-cap** (la casquette de Duns Scot). Ce théologien écossais vécut au XIIIe siècle ; il aurait enseigné à Oxford et à l'université de Paris. Pendant plusieurs siècles, Duns eut des disciples, des *Duns-men*. Au moment de la Renaissance, un schisme les divise, et un groupe de dissidents s'oppose violemment aux connaissances modernes ; ceux de l'autre camp les accusent d'être des coupeurs de cheveux en quatre, des obstructionnistes stupides, des « imbéciles incapables d'apprendre et d'aborder le savoir[2] », des *dunces*. Le tour est joué. Triste destinée pour un homme brillant que de passer son nom à la postérité pour désigner les cancres.

1. Nobles origines pour cette expression : elle vient du latin *pons asinorum*, nom donné à un théorème d'Euclide, le fameux « carré de l'hypoténuse ».

2. *« Blockheads incapable of learning or scholarship »* (*Encyclopædia Britannica*, 1911).

Ne faites pas la fine **bouche**

L'existence de toute une série de formules de dédain liées au nez, à la gorge, à l'oreille, aux régions de la tête et du cou – bref ce que l'on appelle l'ORL en médecine – n'est pas très surprenante. Si *vous faites la fine bouche*, ou que *vous faites la moue*, vous ne voulez pas de ce que l'on vous propose. Et quand *vous tordez le nez*, vous exprimez de même un certain dégoût, un certain rejet. Si vous *crachez sur quelque chose*, c'est signe de mépris (on se souvient du titre du roman de Boris Vian, *J'irai cracher sur vos tombes*). Inversement, si vous dites, *je ne crache pas dessus*, c'est que vous gardez votre salive – littéralement ou au sens figuré – pour bien apprécier cette chose.

En anglais, ORL aussi. Pour signaler quelque chose qui a du mérite, et sur la valeur de quoi il ne faut pas se méprendre, on dira : **it's not to be sneezed at** (« il ne faut pas éternuer dessus »). Mais si, malgré tout, cette chose ne vous convient pas du tout, et que vous l'avez refusée, méprisée, dédaignée, eh bien, en la regardant de haut, **you turned your nose up at it** (littéralement, « vous avez relevé votre nez par rapport à elle »).

Et si vous êtes dépité(e), voire vexé(e), on dira que vous vous êtes déboîté l'articulation du nez : *you've got your nose out of joint.*

Pour une **bouchée** *de pain*

Une bouchée de pain, c'est une somme dérisoire. Il faut remonter à l'Angleterre d'Élisabeth Ire pour trouver les lettres de noblesse de l'expression équivalente en anglais : **for a song** (littéralement, « pour une chanson »). La reine avait proposé d'offrir une gratification de cent livres à Edmund Spenser, auteur du poème épique « La Reine des Fées ». Trésorier d'Élisabeth, le baron Burghley trouvait cette somme exorbitante (il est vrai qu'à l'époque elle représentait bien plus que le salaire annuel moyen), et il s'était exclamé : *All that for a song?* (« Tout cela pour une chanson ? »). Il semble que le coup d'éclat de Burghley renvoyait déjà à une expression préexistante, **for a song**, allusion aux piécettes données autrefois, comme aujourd'hui, aux chanteurs des rues[1].

Encore une bouchée ? *Ne faire qu'une bouchée de quelqu'un* : **make mincemeat out of someone** (« transformer quelqu'un en viande hachée »). L'expression figurée fut créée dans la foulée du mot (1630). Plus tard, au XIXe siècle, le mot *mincemeat* a pris une acception nouvelle, laquelle dépasse son sens premier ; il désigne ce mélange que savent si bien faire les Anglais pour leurs gâteaux et autres desserts de Noël : raisins de Corinthe, raisins secs, sucre, pommes, amandes, fruits confits et graisse de rognon de veau. Délicieux !

1. Toute autre notion, celle de *sing for your supper* (littéralement, chanter pour gagner son dîner), où la valeur de la chanson est soulignée : on doit gagner son repas, en payer le prix.

C'est le **bouquet** *!*

Le *bouquet* de l'expression française[1] est la dernière pièce d'un feu d'artifice, la plus belle. Même gloire originelle – mais contexte tout autre – pour l'expression **it takes the cake**, où l'on ferait allusion au prix donné au gagnant d'un *cakewalk*, sorte de bal-concours des Noirs américains au XIXe siècle[2]. Aujourd'hui, les deux expressions ont perdu leur valeur méliorative pour tomber dans la péjoration, voire se charger d'incrédulité : « Il ne manquait plus que cela ! » « C'est un comble ! » L'anglais britannique offre également **it takes the biscuit**, ordinairement employé par ironie ou pour persifler. Récemment, le Premier ministre du pays de Galles, outré de constater que le parti de l'opposition l'attaquait alors que son chef ne prenait même pas la peine d'assister aux séances de l'assemblée, s'est exclamé : *It takes the biscuit* !

1. C'est le moment de tirer un beau coup de chapeau à Claude Duneton, récemment disparu, auteur du *Bouquet des expressions françaises imagées*, un grand homme, un vrai chercheur.
2. Mais aussi du XXe siècle : dans mon lycée, à Vancouver, j'ai participé à des *cakewalks* d'un autre type : au sol étaient dessinées des cases numérotées, sur un principe croisé entre marelle, loto et chaises musicales. Les participants, qui payaient chacun dix *cents* pour jouer, circulaient sur ces cases pendant qu'une musique était diffusée ; lorsque la musique s'arrêtait, un numéro était tiré au sort, et la personne se trouvant sur cette case-là gagnait un gâteau.

Ah, le **bourreau** *des cœurs !*

Triste métaphore que celle du *bourreau des cœurs*; cet homme-là soumet les cœurs à la torture. C'est un *tombeur*. Don Juan, le héros de théâtre, incarne le type même du personnage. Mais c'est surtout à Stendhal qu'on doit l'usage de ce nom comme synonyme de séducteur. Effectivement, dans *De l'amour* (1822), ouvrage où il invente sa fameuse «cristallisation[1]», Stendhal développe en détail le comportement du don Juan.

Pour ce qui est de séduction, le mâle anglophone possède aussi un côté assassin, puisqu'il est parfois nommé **lady-killer** (tueur de dames); cet homme-là est considéré comme «dangereusement» attirant[2]. Mais il a des compères. Celui, par exemple, qui vous fait battre le cœur, Madame: le **heart-throb** (battement de cœur), le **ladies' man** (homme à femmes), et le **womanizer** (oserais-je traduire littéralement par «celui qui [se] fait des femmes»?), collectionneur dénué de tout sentiment.

L'anglais emploie bien le vocable *Don Juan*, mais les définitions varient. Pour *l'Oxford English Dictionary*, c'est un

1. «Ce que j'appelle cristallisation, c'est l'opération de l'esprit, qui tire de tout ce qui se présente la découverte que l'objet aimé a de nouvelles perfections.»

2. À ne pas confondre avec *wolf* (loup), dont l'excessif intérêt sexuel qu'il leur porte repousse les femmes.

débauché (l'*Oxford Dictionary of American English* précise qu'il s'agit principalement d'un *vieux* débauché). Le dictionnaire *Merriam Webster* signale au contraire que c'est un homme captivant, qui a la réputation d'être excellent amant et séducteur de femmes. Embarras du choix!

Avoir de la **bouteille**

Le vin commence à se bonifier en fût, mais il vieillit en bouteille; on dit *prendre de la bouteille*, ou bien *avoir de la bouteille*. En principe, un vin qui a de la bouteille est un bon vin. S'agissant des personnes, l'expression désigne l'expérience, les connaissances acquises par l'action. Mais écoutez la subtile médisance de

Marcel Proust (c'est Forcheville qui parle): «Elle n'a pas dû être mal, Mme Verdurin, et puis c'est une femme avec qui on peut causer; pour moi tout est là. Évidemment elle commence à avoir un peu de bouteille.» Suit une comparaison avec Mme de Crécy qui, elle, possède des attraits autrement plus engageants. Les traductions anglaises de la *Recherche* ne montrent pas toujours une réelle compréhension du sens de l'expression, ce qui peut donner lieu à des interprétations inattendues. Par exemple: elle commence à forcir des hanches! On imagine que, pour le traducteur, Mme Verdurin commençait, par sa silhouette, à ressembler à une bouteille...

L'expression anglaise **old hand** (littéralement, «vieille main») véhicule assez bien la notion de bonification acquise au fil des ans, puisqu'elle désigne une personne qui travaille depuis longtemps dans un métier ou bien qui possède une réelle compétence dans telle ou telle activité. Depuis le XVIe siècle, l'anglais emploie par métonymie le mot *hand* pour désigner une personne qui effectue un travail. Le français *tous sur le pont!* se traduit par **all hands on deck !**

C'était le **branle-bas de combat**

L'agitation qui précède un événement inattendu, événement auquel il faut s'adapter rapidement et au mieux, on connaît. Votre belle-mère annonce sa visite ce soir à 19 heures, par exemple, alors que vous venez de vous faire livrer trois meubles à assembler et que les pièces détachées sont éparpillées partout dans le salon. Pour rendre le salon présentable et faire face à Madame Mère, tout le monde sur le pont, c'est le *branle-bas de combat.* L'expression nous vient de la marine, justement, et invite les matelots à décrocher leurs hamacs et à les ranger – en d'autres termes, à mettre bas les branles ; sachant que *branle* est l'ancien nom du hamac, objet caractérisé par un mouvement d'oscillation lorsque vogue le navire. Il s'agit ensuite de distinguer entre le *branle-bas du matin* ou *du soir*, en somme le ménage quotidien, et le *branle-bas de combat*, une scène de tohu-bohu où l'on court dans tous les sens pour préparer un combat naval.

L'expression britannique, **action stations** (littéralement, « postes d'action ») ressemble de près à son équivalent français. Elle est l'injonction faite à chaque membre d'équipage de rejoindre son poste, et donc de se mettre en position pour préparer l'action, c'est-à-dire le combat. Comme la locution française, elle possède un sens figuré. Sa plus récente citation (1996) dans l'*Oxford English Dictionary* le démontre parfaitement : *Once a man becomes sexually aroused, it's action stations for his internal reproductive system* (« Dès qu'un homme est excité sexuellement, c'est le branle-bas de combat dans son système interne de reproduction »).

Faire un **bras** *d'honneur*

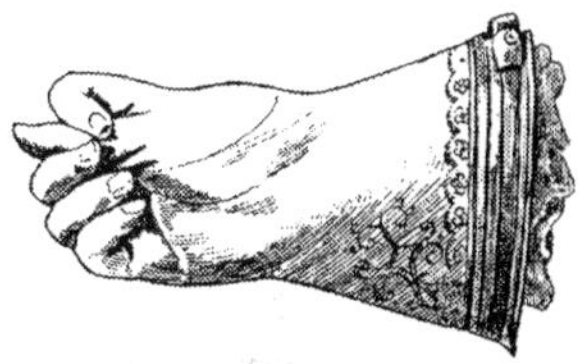

La formule *bras d'honneur*, pour décrire le geste bien connu, n'est présente en français que depuis 1954 ; on se demande comment se nommait auparavant cette élégante mimique... N'étant pas répandue dans les pays anglophones, elle ne possède pas de nom en anglais. Il a fallu un éthologue tel que Desmond Morris pour lui en proposer un, dans un ouvrage publié en 1994, *Bodytalk: A World Guide to Gestures*[1]. Morris y présente de très nombreux gestes, à la fois dessinés et expliqués. Ce que vous nommez bras d'honneur, il l'appelle *fore-arm jerk* (littéralement, « secousse de l'avant-bras »).

1. *Le Langage des gestes*, Calmann-Lévy, 1997 ; Marabout, 2008.

Il est un autre geste obscène, *faire la figue*[1], pratiqué en France en son temps mais originaire d'Italie, où ce fruit symbolise le sexe féminin. Petite digression récréative pour découvrir les origines de l'expression, qui existe en français depuis 1210, calquée sur l'italien, d'après Louis-Nicolas Bescherelle[2]. Nous sommes en 1162. Les Milanais se rebellent contre Frédéric Barberousse, qui a soumis leur ville ; pour exprimer leur colère, ils en expulsent la femme de Frédéric, l'obligeant à monter à rebours sur une vieille mule. Bescherelle raconte la revanche de Barberousse : « Frédéric fit enfoncer une figue sous la queue d'une mule, et obligea tous les Milanais captifs d'arracher publiquement cette figue avec les dents et de la remettre au même endroit, sans l'aide de leurs mains. » Bescherelle ajoute que ce geste constitue la plus grande injure que l'on puisse faire aux Milanais. Il existe d'autres versions, plus simples, pour expliquer l'origine de l'expression – mais bien moins drôles.

Les gestes injurieux varient d'une culture à une autre, on le sait. Pas de bras d'honneur pour les anglophones, mais plutôt le doigt d'honneur ; le présenter à quelqu'un (majeur tendu, paume vers soi) se nomme aussi bien **give someone the finger** que **flip someone the bird** (littéralement, « donner le doigt à quelqu'un » et « lui balancer l'oiseau »). Une autre version requiert l'extension de deux doigts (index et majeur, paume vers soi) : **give someone two fingers**. On raconte que lorsque Churchill lança son fameux geste, le « V comme Victoire », il commença par l'exécuter en orientant sa paume vers lui-même ; de par sa bonne

1. Ce geste consiste à montrer le bout du pouce serré entre l'index et le majeur. Il était également pratiqué en Angleterre, jadis, d'où le verbe *fig*, et l'expression **give someone the fig,** tous deux désormais obsolètes.
2. *Dictionnaire national*, 1862.

éducation, il ignorait que ce geste fût obscène. On l'invita rapidement à tourner sa paume vers les autres ; l'honneur était sauf et un outil de propagande simple et fort était né.

☞ *Faire un* **pied** *de nez*

Les **bras** *m'en tombent*

Incapable de réagir, stupéfait, on peut affirmer dans le moment : *Les bras m'en tombent*, ou bien, a posteriori : *J'en suis resté baba.* Concernant la première expression, il s'agirait du fantasme du corps morcelé, fantasme qui expliquerait également une expression comme *perdre la tête.* Si la psycholinguistique est votre dada, consultez un professionnel pour connaître les subtilités de ce « baba », suivez le cheminement des mots commençant par *B* et qui se rapportent à la bouche dans de nombreuses langues issues de l'indo-européen, examinez les cas où le terme désigne non pas la bouche ouverte, mais le sexe de la femme, pointez le lien sémantique entre la bouche et la vulve... C'est compliqué. À côté, *j'en avais le souffle coupé* ou *j'étais sans voix* paraissent parfaitement nunuches.
L'anglophone exprime différemment l'impuissance engendrée par la surprise. Sur le coup, il dira peut-être quelque chose d'aussi banal que *I can't believe it* (je n'arrive pas à y croire) ou **I'm speechless** (j'en reste muet). Après coup, il est un peu plus poétique : **you could have knocked me**

over with a feather[1] (littéralement, « on aurait pu me renverser avec une plume »).

Une **brebis** *galeuse*

En français, la *brebis galeuse* est la personne qu'on évite, comme si elle pouvait transmettre la gale, maladie contagieuse s'il en est. Les définitions de l'expression équivalente en anglais, **black sheep** (mouton noir), précisent qu'il s'agit

d'une personne peu recommandable ou décevante, voire d'une canaille, et que la formule s'emploie souvent dans un contexte familial[2]. L'*Oxford English Dictionary* suggère que la locution remonte peut-être à la Bible[3]; elle est utilisée en anglais depuis 1640 (la *brebis galeuse* du français, quant à elle, date de 1690). Dans d'autres contextes, le rejet du mouton noir est habituellement attribué au berger : il peut tirer moins d'argent de sa toison, car elle ne se teint pas aussi facilement que la laine blanche !

1. Également : **you could have knocked me down with a feather**.
2. La famille néerlandaise de mon bisaïeul l'avait fortement incité à quitter l'Europe pour s'installer au Canada. C'était un *black sheep*: il ne se conformait pas aux pratiques familiales, et la famille s'est cotisée pour l'envoyer dans le Nouveau Monde.
3. Genèse 30 : 32. Jacob : « Je ferai paître encore ton troupeau, et je le garderai. Je parcourrai aujourd'hui tout ton troupeau ; mets à part parmi les brebis tout agneau tacheté et marqueté et tout agneau noir. » En anglais : *I will pass through all thy flock today, removing from thence all the speckled and spotted cattle, and all the brown cattle among the sheep.* Le terme *cattle* désignait autrefois tout le bétail, chevaux, moutons, vaches, etc.

On remarque que l'anglais utilise le mot *sheep* (mouton) et non pas *ewe* (brebis) ; ce dernier est très rare en anglais, et son homophonie avec *you* en rend l'usage malaisé. D'ailleurs la *brebis égarée* se nomme **lost sheep** en anglais.
Et voici, pour conclure sur les ovidés, une expression assez répandue : **mutton dressed up as lamb** (littéralement, « du mouton maquillé en agneau »). Elle désigne une femme dont la tenue fait trop jeune pour son âge. Si vous l'employez lors de votre prochain dîner en ville, c'est à vos risques et périls !

Se faire remonter les **bretelles**

Se faire remonter les bretelles; *se faire souffler dans les bronches*; *se faire enguirlander*; *se faire sonner les cloches, se faire tirer les oreilles*; *en prendre pour son grade*... Le français n'est pas avare dans le domaine de l'engueulade ! Existe également la possibilité de *se faire appeler Arthur*. L'explication la plus communément rapportée pour l'origine de cette expression renvoie à l'occupation de la France par les Allemands. Le couvre-feu entrait en vigueur à 20 heures tous les soirs ;

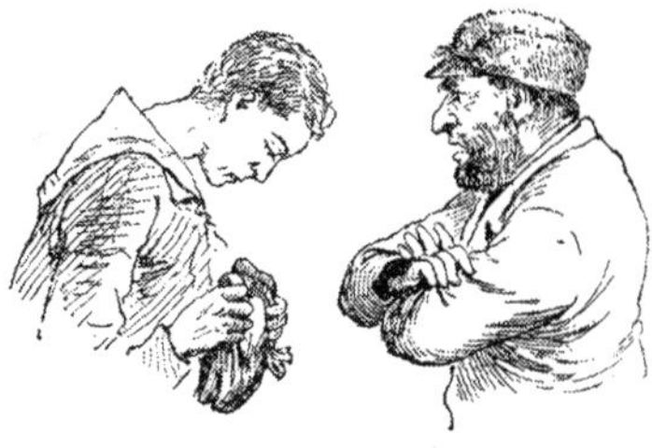

aux retardataires, les patrouilles désignaient leur montre en disant *« Acht Uhr »* (huit heures). Se faire dire *« Acht Uhr »* aura glissé progressivement en « se faire dire Arthur ». Mais d'aucuns affirment que *se faire appeler Arthur*, comme *se faire appeler Jules*, c'est se faire traiter de proxénète...

En anglais, si l'on vous remonte les bretelles, cela peut prendre la forme d'un vigoureux nettoyage du visage, **dressing down** (du vocabulaire des maçons : *dress a brick down*, c'est récurer une brique qui a déjà servi, pour la remettre à neuf). Ou bien vous pouvez prendre dans la figure le côté rugueux de la langue de quelqu'un : **get the rough side of someone's tongue**. Si enfin vous souhaitez réagir à votre tour, vous avez la possibilité de donner un morceau de vos pensées à la personne que vous voulez tancer : **give him a piece of your mind**.

☞ *Elle m'a passé un* **savon**

À **bride** *abattue*

Cela n'est pas pour surprendre : les métaphores pour exprimer la notion de vitesse tournent souvent autour des moyens de transport. Commençons par le cheval. Dans le vocabulaire équestre, abattre les brides, c'est les lâcher ;

quand il est *à bride abattue*, rien ne retient le cheval, il peut aller aussi vite que possible.
C'est dans le langage non pas du cheval mais de la chevalerie que l'on trouve l'expression anglaise équivalente. *Tilting* est le mot anglais pour la joute, celle que pratiquaient les chevaliers à l'occasion des tournois. *Tilting at windmills*, c'est ce que fait Don Quichotte : il a lutté contre des moulins à vent. **At full tilt** signifie donc « à toute allure ». Cette allure tombe à point nommé, car dans l'expression *à fond de train*, le « train » dont il est question, c'est l'allure, et non pas la locomotive de la SNCF !
Le monde automobile offre également quelques tournures à la grande vitesse. *Pied au plancher*, par exemple, ou *à fond la caisse*, qui est construit sur le modèle de *à fond de train*, sauf qu'ici la caisse, c'est la voiture. En anglais, **four on the floor** renvoie à la boîte de vitesses des automobiles à moteur gonflé, en régime maximum (quatrième).

☞ *Prendre ses* **jambes** *à son cou*

Passer la **brosse** *à reluire*

Les uns la passent, les autres la manient : d'une façon ou d'une autre, la *brosse à reluire* est un outil essentiel pour le flatteur. Faire briller. Même idée derrière l'expression *cirer les bottes* ou les *pompes* de quelqu'un ; *lécher les bottes* itou. Toujours faire briller. *Passer la pommade* : encore faire briller.

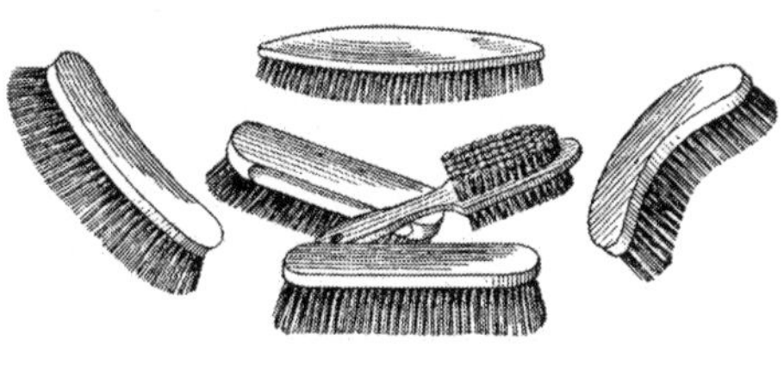

L'anglais, quant à lui, passe une

pommade cent pour cent naturelle avec **butter someone up** (littéralement, « beurrer quelqu'un »), qui est utilisé dans ce sens depuis le tout début du XVIIIe siècle. Sans éclat, en revanche, et même franchement *working class*, une expression très usitée en Angleterre, **lay it on with a trowel** (littéralement, « en mettre une couche à la truelle »), formule que l'on doit à Shakespeare[1].

À sa naissance, l'expression signifiait « exprimer de façon brutale ou grossière » ; de nos jours, elle en est venue à signifier « flatter excessivement ». Le genre de situation où, si vous receviez tous ces compliments, vous rétorqueriez : *N'en jetez plus, la cour est pleine.*

☞ *Quel* **fayot** *!*

Brouiller *les pistes*

Lorsque le mot *piste* fut introduit en français, au XVIe siècle, il désignait la trace que laisse un être vivant après son passage. *Brouiller les pistes*, c'était donc rendre difficile à suivre une trace, au sol, par exemple.

L'expression anglaise **red herring** (« hareng rouge ») traduit tout à fait efficacement cette idée. Vous ne comprenez pas ? C'est simple, pourtant. Tout d'abord, expliquons la couleur du hareng : il est rouge, car il a été salé

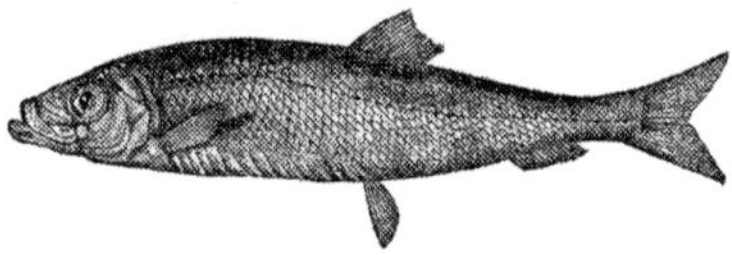

et fumé, processus qui l'a fait changer de couleur. Parfait. Quittons la cuisine pour passer au chenil. Nous sommes au XVIIe siècle. Vous êtes amateur de chasse à courre, et

1. *As You Like It* (*Comme il vous plaira*, 1616), I, II.

vous avez de jeunes chiens à qui il faut apprendre à flairer et suivre une bête. Lorsque vous traînez au sol le cadavre d'un chat ou d'un renard, pour apprendre leur métier à vos chiens, ils ne veulent rien savoir ; l'odeur n'est pas assez forte. Vous vient – allez savoir comment – l'idée de tenter la même opération avec un hareng fumé, qui pue vraiment. Et hop, ça marche, vos chiens suivent la trace de ce poisson, qui crée une *fausse piste*. Il est dit que des criminels ont fait usage de ce système pour brouiller leurs propres pistes, créer une diversion, et ainsi tromper les limiers de la police.

À **brûle**-*pourpoint*

Quand on sait qu'il s'agit d'armes à feu, le sens originel de l'expression *à bout portant*, comme celui de *à brûle-pourpoint* (XVIIIe siècle), se lit dans les mots qui la composent. Dans le premier cas, le *bout* du canon *porte* sur l'objectif ; autrement dit, l'arme touche la cible. Dans le second, la proximité entre arme et victime est telle que la

poudre du coup lui *brûle* le *pourpoint*[1]. Le sens moderne de cette expression – *tout de go*[2] – vient de ce que, pour tirer de si près sur quelqu'un, il faut agir sans préambule, rapidement.

Pour les deux locutions françaises liées aux coups de feu, l'anglais offre une seule tournure, qui remonte à une technologie plus ancienne, celle du tir à l'arc. Elle serait traduite mot à mot du français : **point-blank** (1560). Les autorités linguistiques ne s'accordent pas sur le sens de cette locution, mais leurs explications tournent autour de l'idée de *pointer le blanc* (le rond blanc central dans une cible d'archer) ; si la flèche tirée pouvait atteindre le centre de la cible visée en ligne droite, sans esquisser de trajectoire courbe, elle était donc tirée de très près, **point-blank**, *de but en blanc*[3].

1. Le pourpoint est un vêtement d'homme en usage du XIIIe au XVIIe siècle en Europe ; il couvre le torse.

2. Elle remonte à *avaler tout de gob* qui, au XVIe siècle, signifiait « avaler d'un trait ».

3. Encore une expression liée aux armes : c'était tirer depuis une butte de tir en visant directement le blanc de la cible, sans devoir donner une trajectoire courbe au projectile. L'expression date de 1660.

C

Un **cadavre** *dans le placard*

Le français aurait calqué *avoir un squelette dans le placard* sur l'anglais **have a skeleton in the closet**. Mais l'affaire n'en est pas restée là ; le français a trouvé bon, une fois l'expression anglaise traduite et adoptée (au milieu du XXe siècle), de la mettre à sa propre sauce. Aujourd'hui, le squelette devient progressivement cadavre : *un cadavre dans le placard.*

Le sens des trois expressions est, pour ainsi dire, identique[1]. Pourquoi le

1. « Histoire, événement malheureux entachant le passé d'une personne, d'une famille, et qu'on s'est ingénié à cacher » (*Trésor de la langue française*).

squelette se mue-t-il en cadavre en français? Les dictionnaires ne le disent pas, mais j'ai ma petite idée. Le français possédait déjà un « cadavre » qui se prêtait mieux que le squelette à cette situation et que le génie de la langue française aura préféré. Loredan Larchey en donne la définition dans son *Dictionnaire historique d'argot* (1881) : « On dit : *il y a un cadavre*, en parlant de deux personnes dont les relations ne s'expliquent pas et qu'on suppose liées par leur complicité dans quelque mauvaise action. »
Une évolution récente de la société américaine a donné un tour nouveau à l'expression d'origine : il est dit d'une personne qui révèle son homosexualité qu'elle sort du placard, justement celui où se trouvait le squelette ; en anglais, donc, **come out of the closet**. Mais là, le français ne s'est même pas donné la peine d'en faire sa mouture, d'où le *coming-out* que l'on connaît[1].

Avoir le **cafard**

Jetons un coup d'œil sur la chronologie des *idées noires*. Il y eut la *mélancolie* (1176 ; le terme remonte au grec *melankholia*, bile, humeur noire), mot qui doit beaucoup à l'amour courtois, dont les pratiquants devaient passer par toutes sortes d'affres. Au XVIIIe siècle, on pouvait *broyer du noir* (s'abandonner à des idées noires), et puis Baudelaire mit à la mode le *cafard* (mélancolie accompagnée d'idées sombres) avec *Les Fleurs du mal*. Le poète a également donné un bel essor au *spleen*

1. À ne pas confondre avec un autre *coming out* en anglais, cet événement où une jeune fille de la bonne société est présentée dans le monde (à l'origine, il s'agissait d'une présentation à la Cour).

(mélancolie sans cause apparente, caractérisée par le dégoût de toute chose[1]).

L'anglais possède également sa *melancholy* (1375). Dès le XVIe siècle, il donne à l'adjectif **blue** (bleu) plusieurs valeurs affectives : craintif, anxieux, décontenancé, déprimé, malheureux. Au XVIIe siècle, une valeur mortifère est associée à la couleur bleue : celle des victimes de la peste. Au siècle suivant naît l'expression *blue devils* (diables bleus) pour désigner un état d'abattement, de découragement. Rapidement, les diables sont délaissés, et débute une très belle carrière pour le **blues**. Aux bluesmen et jazzmen de vous raconter ses développements au XXe siècle.

Un froid de **canard**

On explique habituellement l'expression *un froid de canard* par le fait que l'hiver est la saison propice à la chasse de ce palmipède. Admettons. Il faut croire que le temps froid heurte vraiment la sensibilité de l'anglophone : deux expressions vous en convaincront. Tout d'abord, **it's brass monkey weather** (littéralement, « il fait un temps de singe en bronze » ; autrement dit, il fait si froid que cela ferait tomber les testicules d'un singe

1. On remarquera qu'aujourd'hui le mot *spleen* désigne tout autre chose en anglais : d'abord la rate (réputée autrefois être source de bile noire), puis la méchanceté, la mauvaise humeur.

en bronze). Version à peine plus délicate : **it's colder than a witch's tit** (« il fait plus froid que le téton d'une sorcière »). Ceux qui n'aiment pas l'explication anatomique concernant le singe évoquent une ancienne pratique sur les navires : les boulets de canon étaient empilés en forme de pyramide, à l'aide d'un petit support en laiton nommé *monkey* qui permettait de les tenir assemblés. S'il faisait très, très froid, le différentiel d'expansion entre le laiton et le fer des boulets faisait tomber ces derniers. Que cette explication vous convainque ou non, n'allez pas utiliser pas ces formules lors de dîners en ville : réservez-les plutôt pour vos soirées d'encanaillade !

Capote *anglaise*

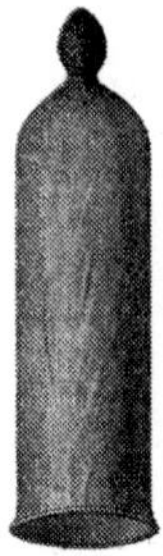

C'est un truisme, mais c'est vrai : les Anglais et les Français aiment bien se critiquer mutuellement. D'où *capote anglaise, filer à l'anglaise* et *maladie anglaise.* Vous l'avez deviné : **French letter** (littéralement, « lettre française »), **French leave** (« départ à la française ») et **French disease** (« maladie française »).

Commençons par ce dernier. On dit[1] que, depuis Christophe Colomb, les Français qualifient la syphilis de *maladie anglaise*, et que c'est par retour de politesse que les Anglais l'ont nommé **French disease**, mais aussi *French cannibal, French compliment, French gout, French marbles, French measles, French plague, French pox*[2].

1. Macmillan Dictionary of Contemporary Phrase and Fable, 2002.
2. Littéralement, « cannibale français », « compliment français », « goutte française », « billes françaises », « rougeole française », « peste française » et « variole française ».

Une telle salve d'amabilités explique sans doute pourquoi les explorateurs anglais attribuaient aux marins français les maladies vénériennes des Tahitiens, alors qu'un Français comme Bougainville les attribuait, lui, aux marins de la Royal Navy.

Quant à *filer à l'anglaise*, l'expression date de 1890 selon Alain Rey, tandis que **take French leave** remonte à 1771 d'après l'*Oxford English Dictionary*. Ce qui est touchant, c'est l'apparente sincérité avec laquelle de nombreux dictionnaires – français et anglais – définissent le phénomène, faisant valoir l'existence de cet étrange comportement pratiqué de part et d'autre de la Manche.

S'agissant du préservatif, on sait que Casanova établit un certain précédent; dans ses mémoires, il le qualifie de « redingote anglaise[1] ». C'est en 1836 qu'est attestée l'appellation *capote anglaise* en français; vingt ans plus tard, l'anglais offre son **French letter**, dont on se demande encore, de part et d'autre de la Manche, ce que le courrier vient y faire.

En somme, les compteurs sont à égalité entre les deux nations, et cette querelle est devenue une tradition à laquelle elles tiennent.

Capoter

Pour une entreprise, *capoter*, c'est faire faillite. Laissons à Jules Lecomte, auteur du *Dictionnaire pittoresque de marine* (1835), le soin d'éclairer le sens maritime de ce terme : « Se dit des petits navires qui, trop peu lestés ou mal assis sur l'eau par la répartition vicieuse des poids dans leur intérieur, sont

1. Nul n'ignore que la redingote vient de l'anglais *riding coat* (veste pour faire du cheval).

facilement renversés sens dessus dessous, par l'action du vent qui les prend de côté. *Capoter* c'est renverser le haut en bas. »

Au XXe siècle, le terme s'est étendu aux véhicules (voiture, avion) renversés, puis a acquis une valeur figurative avec le sens d'échouer (terme qui lui aussi renvoie au monde maritime).

En anglais, on reste dans la métaphore aquatique, du moins pour une expression familière : **go belly up** (littéralement, « se mettre ventre en l'air »). Depuis le XVIIIe siècle, elle servait à décrire un poisson mort flottant dans cette position à la surface de l'eau. Au XXe siècle, par une extension de sens et un changement de registre en Amérique du Nord, elle désigne une entreprise humaine qui fait faillite. La première citation dans l'*Oxford English Dictionary* vient sous la plume de John Dos Passos (1920) : *Labor's belly up completely – the only hope is in the I.W.W.* (« Le monde ouvrier est en pleine déconfiture – le seul espoir c'est l'IWW[1] »). En 2001, le magazine britannique *The Economist* titrait un article sur la recrudescence des faillites dans le monde des affaires américain « Belly up ».

☞ *Tomber à l'***eau**

1. Industrial Workers of the World est un syndicat international fondé aux États-Unis en 1905.

Il lui manque une **case**

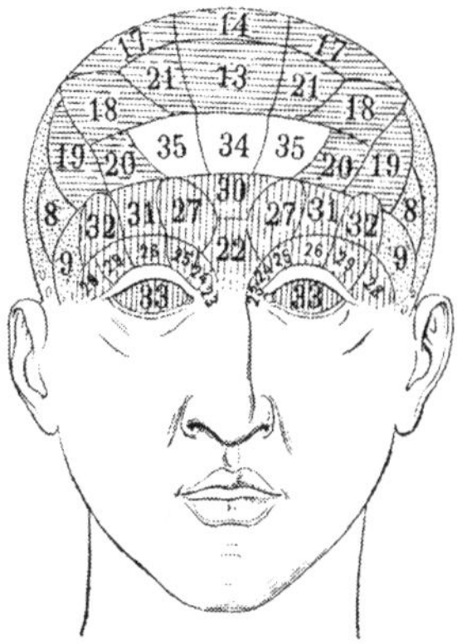

Il y aurait tout un ouvrage à écrire sur les multiples façons de désigner la bêtise humaine en français et en anglais. Prenons *il lui manque une case* (ou *avoir une case en moins*), expression qui part d'une vision du cerveau divisé en compartiments. Variations sur le thème… Évoquant un manque d'intelligence, on peut dire de quelqu'un **he's not all there** (« il n'est pas entièrement présent »), **he's one sandwich short of a picnic** (« il lui manque un sandwich pour que ça fasse un pique-nique »). **He's not the sharpest knife in the drawer** (« il n'est pas le couteau le plus aiguisé du tiroir »), **he's not playing with a full deck** (« il joue sans posséder toutes les cartes ») ou **he's got a screw loose** (« il a une vis desserrée[1] »).

Dans les années 1960, Lyndon Johnson aurait dit de Gerald Ford (président des États-Unis de 1974 à 1977) : *He can't fart and chew gum at the same time*, « il n'est pas capable de péter et de mâcher du chewing-gum en même temps ». La presse, habituée aux saillies de Johnson, a reformulé la déclaration pour affirmer que Ford n'était pas capable de *marcher* et de mâcher du chewing-gum simultanément. C'est donc **he can't walk and chew gum at the same time** qui perdure ; cette expression évoque

1. Naturellement, l'usage du masculin dans ces exemples est de pure commodité linguistique.

à la fois la bêtise et une certaine maladresse verbale et physique.
En 1996, un dessin humoristique du *New Yorker* montrait des piétons attendant de traverser la rue ; là où sur les panneaux lumineux se lisent habituellement les mots *walk* et *don't walk* (littéralement, « marchez » et « ne marchez pas »), on lisait *walk* et *chew gum.*

☞ *Une* **araignée** *au plafond*

Je lui ai **cassé** *la figure*

Casser la figure à quelqu'un, lui *administrer une bonne raclée*, le *rouer de coups*. Et le *passer à tabac*. Non, le tabac n'est pas un instrument de châtiment corporel ; il semblerait que la racine – pas de la plante, mais du mot – soit

tabb- ; présente dans de nombreux dialectes du sud de la France, elle exprime l'idée de frapper. Depuis le XIXe siècle, le mot *tabac* désigne en argot une volée de coups. Absent sous cette acception des dictionnaires « convenables » de l'époque, le terme est largement honoré dans les dictionnaires d'argot : Hector France, dans son *Dictionnaire de la langue verte* (1907), y consacre de longs articles[1] ; Lorédan Larchey (*Dictionnaire historique d'argot*, 1881) définit *donner du tabac* comme « battre ».

En anglais, on dira simplement **beat someone up** (le battre), **give him a hammering** (le battre, comme à coups de marteau) ou **a thrashing** (une raclée).

Quant au synonyme d'une grande réussite, par exemple *faire un tabac* au théâtre, l'expression n'est vieille que d'un siècle ; l'allusion serait aux coups frappés par le public en applaudissant. L'anglais équivalent : **be a big hit, a smash hit** ; là, nous sommes encore dans les coups[2] (littéralement, « un grand coup », « un coup fracassant »), et vous les connaissez bien si vous écoutez le hit-parade.

Se **casser** *la figure*

Se casser la figure, on comprend tout de suite. Et *se planter* ? L'allusion remonterait au sens botanique du verbe : rentrer dans un platane, pour un automobiliste, ou se planter dans le décor, c'est d'une certaine façon rejoindre la terre. Dans d'autres contextes, vous pouvez

1. « TABAC (*passage à*). Action d'être roué de coups par les agents de police. D'après l'*Éclair*, cette expression remonte au procès d'Yves Guyot en 1879. Le "vieux petit employé" accusa des inspecteurs de la Sûreté d'avoir provoqué contre lui certains témoignages en distribuant des paquets de tabac, et d'avoir au contraire menacé les personnes qui refusaient de servir leur cause. Quand on était pour la police, on passait à la distribution du tabac, sinon, le tabac se transformait en coups de poing. »
2. L'expression viendrait du jeu de jacquet : un coup gagnant.

prendre une veste. Cette expression remonterait à une locution employée par les joueurs aux cartes, « prendre un capot », puis « prendre une capote » (voir **capoter**, p. 57) : ne pas faire un seul pli. Puis *se faire coller.* Là, nous sommes dans l'argot de l'École polytechnique, l'expression complète étant *se faire coller au piquet*; au début du XIXe siècle, cela voulait dire être privé de congés. L'expression a cheminé depuis. Et *se faire étendre*, on connaît aussi.

L'anglais britannique offre pour ceci, à la fois dans le sens concret (une chute) et au sens métaphorique (un échec, un revers) **come a cropper**. Attention, ne lancez pas cette expression à des Nord-Américains : ils ne la connaissent pas ! Elle remonte à une formule peu usitée décrivant une chute de cheval : tomber *neck and crop*, c'est-à-dire cou et croupe, ou, disons-le, cul par-dessus tête.

☞ *Les quatre* **fers** *en l'air*

Cent *sept ans*

D'où vient ce *cent sept ans* que l'on entend si fréquemment, et qui désigne une durée interminable ? Les auteurs qui ont tenté d'expliquer l'expression ne sont de toute évidence pas des matheux. Pour les uns, il y serait fait allusion au temps qu'a duré la construction de la cathédrale Notre-Dame à Paris, qui aurait semblé interminable aux Parisiens : début du chantier 1164, fin du chantier milieu du XIVe siècle[1].

1. Ou, si l'on ne prend que la première tranche des travaux, 1250.

Le compte n'est pas bon ! D'autres assurent qu'il s'agit de la somme de la durée de deux guerres qui ont eu lieu à près de quatre cents ans d'intervalle : la guerre de Cent Ans (qui, comme on sait, dura cent seize ans, de 1337 à 1453) à laquelle on ajoute la guerre de Sept Ans (1756-1763). Quel philologue fou aurait bien pu créer une expression aussi saugrenue ?
L'anglais reste plus flou – pas de calculs tirés par les cheveux – mais on saisit tout de même l'idée d'une durée qui paraît interminable dans l'expression **forever and a day** (« l'éternité plus un jour »). Il s'agit de la reformulation d'une expression ancienne, **forever and ay** (« l'éternité plus l'éternité », *ay* étant un mot archaïque désignant… l'éternité).

Tenir la chandelle

Tenir la chandelle, selon Littré, c'est « assister et se prêter à une turpitude ou une chose dans laquelle on est dupé. Se dit particulièrement de complaisances honteuses pour un commerce de galanterie ». C'était en 1873. En 1907, voici la définition d'Hector France[1] : « Se prêter à de honteuses complaisances, favoriser d'illicites amours. Se retirer pour laisser en tête à tête sa femme ou sa fille avec son amant. » Notion essentielle dans l'expression française : la complaisance du tiers.
Ce tiers, s'il est anglais, ne sait pas sur quel pied danser. Les définitions

1. *Dictionnaire de la langue verte.*

de l'expression britannique, **play gooseberry** (littéralement, « jouer à la groseille à maquereau[1] »), varient. Pour les uns[2], c'est donner un prétexte à un jeune couple pour être ensemble, en somme leur donner un petit coup de main en faisant semblant d'être leur chaperon. Pour les autres[3], c'est être un tiers gêneur qui empêche deux personnes, spécialement deux amants, de se retrouver seules. On notera également l'expression **be a third wheel,** « être une troisième roue », pour désigner ce tiers qui se sent de trop et préférerait être ailleurs, équivalente du français *être la cinquième roue du carrosse.*

Porter le **chapeau**

Porter le chapeau, c'est être accusé, porter une responsabilité honteuse. Furetière donne quelques éléments pour comprendre l'expression : « On dit proverbialement d'une personne à qui il est arrivé quelque sujet de honte, ou de

1. Aucun lien avec le proxénète !
2. *Oxford English Dictionary.*
3. *Cambridge Advanced Learners' Dictionary and Thesaurus.*

qui on a fait quelque médisance : voilà un beau chapeau que vous lui mettez sur la tête. » Claude Duneton rappelle le chapeau conique que devaient coiffer les « hérétiques » envoyés au bûcher lors de l'Inquisition ; ce chapeau pointu, semblable à celui des sorcières, les désignait comme suppôts de Satan destinés à l'enfer[1].

L'anglais offre deux expressions voisines, toutes deux du XXe siècle, toutes deux plutôt américaines. La première, **carry the can** (littéralement, « transporter la boîte en métal ») signifie accepter la responsabilité d'une faute dans laquelle on n'est pas le seul impliqué. Mais les explications quant à l'origine de la locution manquent de clarté : il s'agirait de bière qu'un soldat devait porter à un gradé dans une sorte de petit seau, avant de le rapporter vide[2]. Quant à **take the rap** (littéralement, « prendre le coup[3] » ; on pourrait traduire par *écoper*), c'est accepter la responsabilité – et la punition y afférente – d'un crime, d'une erreur, etc.

☞ *Refiler le* **bébé**

Sur des **charbons** *ardents*

Si vous êtes *sur des charbons ardents*, vous êtes extrêmement inquiet, anxieux. Mais ce n'est tout de même pas une question de vie ou de mort.

L'ordalie, du latin *ordalium*, jugement de Dieu, était une pratique moyenâgeuse censée déterminer si une personne

---

1. *La Puce à l'oreille*, Stock, 1978.
2. En langage familier, aux États-Unis, le mot *can* désigne les W-C. À se demander si l'expression ne signifiait pas plutôt « aller vider le seau hygiénique ». L'expression reste courante au Canada également.
3. Ce *rap* est celui-là même qui a donné son nom au genre musical, l'idée motrice étant les coups secs et répétés.

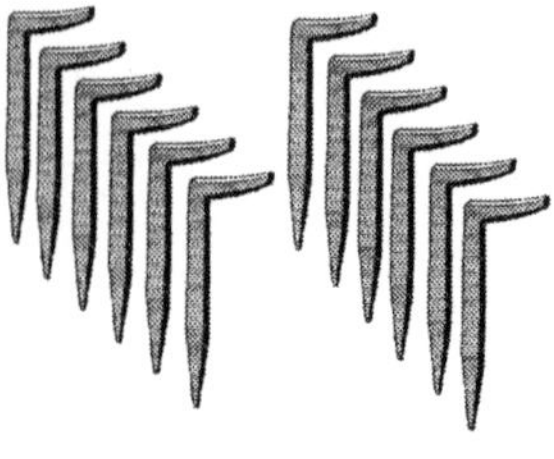

soupçonnée d'hérésie en était réellement coupable. Elle prenait la forme de diverses « épreuves » : l'épreuve de l'eau froide, de l'eau chaude, du fer chaud… Non, je ne les décrirai pas ici en détail… Parmi elles, l'épreuve qui a donné naissance à notre expression, où l'accusé, ligoté, était traîné sur des charbons ardents. Mieux vaut être extrêmement inquiet, anxieux, que… rôti.
En anglais, cette anxiété s'exprime autour d'une métaphore liée à l'industrie textile : **on tenterhooks** (littéralement, « sur les crochets du tendeur »). En l'occurrence, il s'agit d'un appareillage sur lequel on tendait le lainage après foulage (traitement avec un mélange d'argile et d'eau), pour l'empêcher de rétrécir en séchant. Dans les régions anglaises productrices de lainages, on pouvait voir il y a plus d'un siècle des *tenter-fields*, des champs de tendeurs. Cela ressemblait à de longues clôtures pourvues de barres amovibles sur lesquelles on attachait les mètres de tissu. Au moyen de petits crochets.
Vous êtes tendu, vous ? **You're on tenterhooks** !

☞ *Elle m'a passé un* **savon**

Mettre la **charrue** *avant les bœufs*

Faire preuve d'illogisme, agir à l'envers du bon sens ou du sens commun, voilà ce que c'est, *mettre la charrue avant les bœufs*. Mais attention, il y a *anguille sous roche* (voir p. 12) ! Bien que cette signification soit connue depuis le XVIe siècle, il en est une autre plutôt… paillarde. Oies blanches, passez votre chemin ! Voilà : les bœufs, ce serait

les testicules, et la charrue le pénis. De jour, le paysan emblave ses champs ; de nuit, il met la charrue devant les bœufs pour labourer un tout autre sillon. Vous n'y croyez pas ? D'autres, si[1] !

L'anglais ne connaît pas la version olé-olé de cette histoire et se contente de mettre la charrette (ou la carriole) devant le cheval : **put the cart before the horse**, locution connue depuis le XVIe siècle également. Les lexicographes anglophones seraient-ils prudes ? Les anglophones puritains ? Aucune allusion à la métaphore du sexe masculin. Tout au plus trouve-t-on quelques allusions au fait que coucher ensemble avant de se marier, c'est mettre la charrue avant les bœufs. À chacun d'en juger.

☞ *C'est le* **monde** *à l'envers*

Tomber de **Charybde** *en Scylla*

Imaginez-vous Ulysse dans le détroit de Messine comme si vous y étiez, battu par de violents remous entre le gouffre de Charybde et les rochers de Scylla. Cet épisode légendaire est à l'origine de l'expression, qui signifie échapper

1. A. Rey et S. Chantreau, *Dictionnaire d'expressions et locutions*, Robert, 2007.

à un inconvénient, un danger, pour tomber dans un autre plus grave encore, tomber de mal en pis. Mais, pour certaines personnes, ces noms exotiques sont difficiles: connaissez-vous sa déformation, «tomber de caraïbe en syllabe[1] »?

L'anglais possède une locution analogue, **between Scylla and Charybdis**. Serait-ce également à cause de la difficulté de prononciation de ces toponymes exotiques que l'expression n'est guère utilisée? En revanche, l'anglophone dira aisément **(jump) out of the frying pan into the fire** («sauter de la poêle pour tomber dans le feu»), formule qui remonte à une fable attribuée à Ésope, reprise dans certaines traductions. Plusieurs poissons sont jetés vivants dans une poêle remplie d'huile; l'un d'eux propose aux autres de tenter de sauver leur vie en sautant de la poêle; ce qu'ils font, pour choir sur les braises ardentes, maudissant leur camarade.

Si cette expression vous dit un petit quelque chose, c'est qu'elle a connu son heure de gloire en français. Mais *tomber de la poêle dans la braise* n'a plus guère cours. Il faut naviguer entre Charybde et Scylla.

Un **chat** *dans la gorge*

Quelle image atroce, un chat dans la gorge! Heureusement que nous n'y pensons pas chaque fois que nous sommes un peu enroués. Pierre Guiraud en offre l'explication: «Si

1. H. de Balzac, *Splendeurs et misères des courtisanes*, 1847.

on a un chat dans la gorge, "un embarras dans le gosier qui éteint la voix", c'est que *chat, marron* et *maton* désignent toutes sortes de grumeaux et coagulations qui se forment

dans diverses substances. [...] Il doit y avoir à l'origine un jeu de mots sur *maton* (chat) et *maton* (lait caillé, grumeau) ; le *chat dans la gorge* est sans doute une sécrétion catarrheuse qui obstrue le gosier[1]. »

Pas de chat dans la gorge pour un anglophone, mais plutôt une grenouille, **a frog in your throat**. L'image est parlante, ou plutôt le son car quand on est enroué, on parle avec une voix toute bizarre, celle d'une grenouille. S'il est vrai qu'au XVIIe siècle le mot *frog* désignait certaines infections buccales, l'expression est née aux États-Unis deux siècles plus tard, et doit sa renommée internationale à un fabricant de pastilles de la marque Frog in Your Throat (autoproclamée « meilleure pastille antitussive sur terre »). De très nombreuses campagnes publicitaires – toujours assorties d'images de grenouilles – firent le reste.

1. Pierre Guiraud, *Les Locutions françaises*, Presses universitaires de France, 1962.

Acheter **chat** *en poche*

L'expression française *acheter chat en poche* et son équivalent anglais font référence à la même situation : on se fait fourguer un produit moins bien que celui que l'on croyait acquérir. Imaginez une ménagère du Moyen Âge partie au marché acheter un cochon de lait ou une poule. La marchandise se trouve à l'intérieur d'un sac (*en poche*) ; une fois rentrée chez elle, ladite ménagère se rend compte que le paquet contient en réalité un chat. Elle s'est fait berner.

Étrangement, l'expression anglaise **buy a pig in a poke**, littéralement « acheter un cochon en poche », semble désigner une transaction réussie : on veut acheter un cochon et on reçoit un cochon. Mais aujourd'hui, les anglophones n'utilisent plus guère le mot *poke* dans cette acception[1] ; ils ne font pas davantage le lien avec un autre mot de la même famille, *pocket* (poche d'un vêtement). Donc **pig-in-a-poke** possède en anglais un sens propre, celui d'un achat – ou d'une transaction – n'ayant pas bénéficié d'une attention suffisante aux détails essentiels.

☞ **Motus** *et bouche cousue !* • **Vendre** *la mèche*

1. Un dicton anglais répertorié au XVIe siècle se traduit par : « Je n'achète jamais cochon en poche ; la poche peut être belle, mais le cochon moche. » (*I will never buy the pig in the poke;/There's many a foul pig in a fair cloak*).

Appeler un **chat** *un chat*

C'est en écrivant «Je ne puis rien nommer, si ce n'est par son nom, / J'appelle un chat un chat, et Rollet un fripon», que Boileau a donné ses lettres de noblesse à cette expression archi-connue. Charles Rollet était un procureur malhonnête, réputé pour ses friponneries. Voilà pour l'origine. Et nous n'allons pas nous appesantir ici sur les possibles allusions sexuelles véhiculées par l'expression.

En anglais? **Call a spade a spade**. Ici, le mot *spade* est à prendre dans le sens de «bêche[1]». Il semble que Plutarque employa cette formule – pas en anglais, certes! – qui remonterait à un proverbe grec du IVe siècle av. J.-C. L'expression fut popularisée en anglais par le réformateur écossais John Knox, dans un texte où il affirmait: «J'ai appris à appeler le mal par son nom: une figue une figue, une bêche une bêche[2].» Il faisait allusion à la version latine du proverbe, qu'il avait lue dans Érasme: *Ficus ficus, ligonem ligonem vocat*[3].

La langue espagnole possède sa propre version de cette expression, «appeler le pain pain, et le vin vin» (*llamar al pan, pan y al vino, vino*).

☞ *Il ne* **mâche** *pas ses mots* • *Se mettre en* **quatre**

1. Et non pas de «pique» (*spade*) des jeux de cartes, issu de l'italien ou de l'espagnol *espada* (sabre).
2. «I have learned to call wickedness by its own terms: a fig a fig, and a spade a spade.»
3. Les auteurs des dictionnaires sont unanimes: Érasme a commis une faute en traduisant un texte grec de Plutarque, mais le faux perdure, plus fort que l'exact.

D'autres **chats** *à fouetter*

Il semble que le chat et le fouet ont partie liée dans la langue française depuis plusieurs siècles. Née d'*il n'y a pas de quoi fouetter un chat*, voici une énième expression française qui cache son jeu… sexuel. Pourquoi fouetterait-on un chat? Citons les experts: «Il est bien probable que ce *fouetter* n'est pas un innocent équivalent de *battre*, mais provient d'un à-peu-près avec *foutre*[1].» Cela met dans une tout autre perspective le bon mot de Marc Escayrol: «Les sado-maso sont particulièrement fidèles, car ils n'oublient jamais de se fouetter un bon anniversaire[2].»

L'anglais est moins émoustillant: **have other fish to fry** ou **have bigger fish to fry** («avoir d'autres poissons», ou «de plus gros poissons à frire»). Notons en passant que les traducteurs de Cervantès et de Rabelais (vers l'anglais, s'entend) ont trouvé bon de rendre des tournures originelles non imagées (du genre «avoir mieux à faire») par **have other fish to fry**[3].

---

1. A. Rey, S. Chantreau, *Dictionnaire des expressions et locutions*, Robert, 1979.
2. *Mots et Grumots*, Chez l'auteur, 2003.
3. *Don Quixote*: «… *ostras cosas en que pensar*» (Partie II, chapitre XXXV). *Gargantua*: «Nous avons bien icy autre chose à faire» (Cinquième Livre, chapitre XII).

Trouver **chaussure** *à son pied*

Trouver chaussure à son pied, c'est trouver ce qui nous convient, ce dont on a besoin. Cette « chaussure » peut être une chose, mais bien souvent il s'agit d'une personne qui nous convient, qui nous correspond, qui nous va. Cela a l'air bien gentil, comme ça – on pense à Cendrillon, au Prince charmant… mais, attention, il s'y cache des allusions tout ce qu'il y a de licencieuses ! Référez-vous au premier recueil de nouvelles publié en français, les *Cent nouvelles nouvelles* (XVe siècle). La quinzième nouvelle (« La Nonne savante », écrite par Mgr de la Roche) met en scène un beau moine et une belle nonne. Le premier fait des avances à la seconde, qui lui fait des remarques sur la façon dont il est « outillé », affirmant que, s'il mettait son outil à un certain endroit, elle ne s'en rendrait pas compte ; elle propose, malgré tout, une séance d'inspection à minuit dans sa cellule. Inquiet, le moine raconte ses malheurs à un collègue, frère Courard, expliquant que la nonne doute qu'il fasse la bonne pointure et qu'elle soit « soulier à son pied ». Comme ce frère Courard est bien connu pour ses attributs masculins, notre protagoniste lui demande de le remplacer nuitamment auprès de la nonne pour la seule phase de l'inspection…

Si les Anglais ne sont pas du tout indifférents au fétichisme de la chaussure, l'expression dans la langue de mes aïeux est moins piquante : **find your soul-mate**. Traduit littéralement, cela donnerait « trouver son partenaire d'âme » et, en bon français, *trouver son âme-sœur*. Le mot-clé ici est « sœur ».

À **cheval** *sur le règlement*

Depuis bientôt mille ans, *à cheval* est en français synonyme de « à califourchon » ; au XIXe siècle s'est ajouté le sens de « très strict ». L'écrivain suisse Louis Dumur a su joliment mêler les deux acceptions : « On est d'autant plus à cheval sur son honneur que l'on se tient plus mal en selle[1]. »

L'équivalent anglais est **go by the book** (littéralement, « agir selon le livre[2] »). Autrefois, le livre en question était vraisemblablement la Bible. Aujourd'hui, la locution veut dire tout simplement agir selon les règles ; oubliée, la Bible. Le livre auquel pensera un anglophone s'agissant de règles – et agissant selon elles – est évoqué dans une autre expression, **according to Hoyle** (« selon Hoyle », c'est-à-dire selon les règles de l'art, selon les autorités les plus élevées). Sir Edmond Hoyle (1672-1769), un avocat anglais vivant en Irlande, fut l'auteur d'un traité sur le jeu de whist,

1. *Petits Aphorismes* (« Sur l'honneur »), Mercure de France, 1892.
2. Dans le sens de « respecter le mode d'emploi », ou « respecter le manuel » correspondant à une activité donnée.

publié en 1742. Cet ouvrage fut considéré comme l'autorité absolue en la matière : on le citait en cas de dispute. Plus tard, Hoyle publia d'autres livres sur les jeux (jeux de cartes, jeux de société), et sa renommée ne fit que croître. Aujourd'hui, l'expression s'applique non seulement aux jeux, mais à la correction en toutes sortes de domaines. Ceux qui emploient son nom connaissent rarement Hoyle. Mais, si vous voulez en savoir plus sur cet homme, courez vite chez votre libraire : en anglais, ses livres sont encore disponibles, et en grand nombre !

☞ *Ce n'est pas du* **jeu**

Avoir mal aux **cheveux**

Depuis toujours, on connaît ce mal ; il a un autre nom en français : la *gueule de bois*. Dans un illustré du début du XXe siècle, *L'Épatant*[1], on lit une description plutôt imagée de cet état : « Durant trois jours, nous avons eu la tirelire en palissandre et les crins en fil de fer [...]. » Le sens de ces deux expressions se comprend : on a la bouche sèche comme du bois, et le crâne aussi douloureux que si on y avait planté des clous. Il fallait y penser !

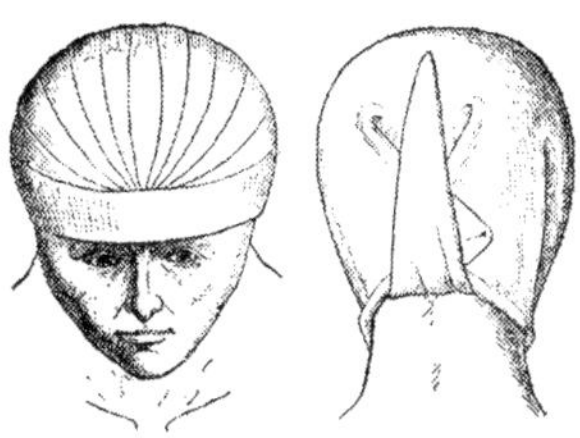

En anglais moderne, en pareille circonstance, on parlera de **hangover** (littéralement, « ce qui pend » ; le mot désigne un surplomb, ou une séquelle, voire un héritage, quelque chose qui reste d'une étape antérieure : l'image est facile à saisir). Mais ce mot

1. Numéro de 1909.

est jeune, il a à peine un siècle. Que disait-on auparavant? On avait le choix entre **ale-passion** (1593, la «passion de la bière»), **pot verdugo** (1616, le «vertige du pot»), **barley mood** (1790, une «humeur d'orge»), **katzenjammer** (1849, de l'allemand, une «détresse de chat»), **Monday head** (1892, la «tête du lundi»), et **swollen head** (1898, la «tête enflée»). Si jamais cela vous arrive, vous pourrez décliner le thème diachronique de la *gueule de bois* en anglais.

Le mot **hangover** fonctionne également de façon figurée. Le rockeur britannique Simon Le Bon (Duran Duran, Arcadia) a affirmé: *I feel sorry for the '90s because it was never able to be anything much more than the hangover to the party that was the '80s* («J'ai de la peine pour les années 1990, car cette décennie n'a jamais su être autre chose que la gueule de bois de la fête qu'ont constitué les années 1980.»)

☞ *Le* **poil** *de la bête*

Je ne lui arrive pas à la **cheville**

Elle est admirable, elle est parfaite, comparé à elle je ne suis rien. *Je ne lui arrive pas à la cheville, elle est à cent coudées au-dessus de moi.* Chacun comprend ces locutions.

L'anglais offre une expression voisine, **he is head and shoulders above me** (littéralement, «il me dépasse de la tête et des épaules»); ici, c'est de stature morale ou intellectuelle, par exemple, qu'il est question. Et c'est au monde d'avant l'invention de l'électricité que renvoie une autre locution pour désigner cette supériorité, **I can't hold a candle to him**, littéralement, «je ne pourrais pas lui tenir la chandelle». Dans l'Angleterre du XVIIe siècle, de jeunes hommes étaient employés comme porte-flambeaux pour éclairer les promeneurs et les passants dans les rues. Dans son journal (1660), Samuel Pepys[1] signale qu'ayant quitté la maison d'Untel, il fut accompagné par un porte-flambeau jusque chez un autre; Dickens, dans ses *Papiers posthumes du Pickwick Club*, presque deux cents ans plus tard, fait également allusion à ces garçons. Leur emploi était ce qu'il y avait de plus subalterne, et un jeune homme incapable de porter efficacement une torche n'aurait pas valu grand-chose...

Chien *de salon*

On les connaît, ces petits toutous, ceux qui voyagent parfois dans le sac à main de leur maîtresse... Si le salon – où il trône souvent sur un mignon petit coussin – caractérise le *chien de salon*[2], ce sont les genoux de sa maîtresse ou de son maître qui caractérisent son homologue en anglais: **lapdog**. Ce mot *lap* décrit une partie de l'anatomie humaine qui n'existe qu'en position assise: c'est la zone qui part de l'aine jusqu'aux genoux, sur laquelle peut être placé un

1. Attention: son nom se prononce comme s'il s'écrivait «pipse» en français.
2. Sont inclus dans cette catégorie, parfois appelée le *chien de compagnie*, le pékinois, le bichon frisé, le king-charles, le loulou de Poméranie, le chihuahua.

enfant, un chien, ou encore autre chose. Une personne debout ne possède pas de *lap*[1]! D'autres expressions anglaises tournent autour de cette partie du corps. Tout d'abord, *in the lap of the gods* (littéralement, « sur les genoux des dieux »; en bon français, on dirait plutôt selon la volonté des dieux, *entre les mains des dieux*). Encore trois expressions à base du mot *lap*, toutes de la fin du XXe siècle : *laptop* (littéralement, « sur les genoux ») : ordinateur portable ; *lapdog press* (littéralement, « presse des chiens de salon ») : terme utilisé pour qualifier la presse docile, complaisante, celle qui ne met pas en cause le pouvoir, par contraste avec la presse plus contestataire, *watchdog press* (« presse des chiens de garde »). Enfin – à moins que les boîtes de striptease ne soient pas votre tasse de thé –, voici *lapdance* (littéralement, « danse sur les genoux »), une danse érotique qui conduit la danseuse à faire son numéro assise sur les genoux d'un client de la boîte de nuit. Mais que les buveurs de thé se rassurent, le lapsang souchong[2] n'a rien à voir avec notre affaire.

1. Le mot *giron*, malgré une définition qui semble proche de *lap* (partie du corps allant de la ceinture aux genoux, chez une personne assise), ne s'emploie pas du tout dans les mêmes contextes.
2. Thé noir au goût fumé.

Pour moi, c'est du **chinois**

Les expressions abondent pour évoquer quelque chose (un texte, une situation, des propos) que l'on ne comprend pas. En français, deux approches : soit l'information est incompréhensible (*c'est du chinois pour moi ; pour moi c'est de l'hébreu ; c'est du latin*), soit elle est tellement compliquée que l'on en perd ses bases (*j'en perds mon latin*[1]). Pour les paumés, l'anglais est encore plus riche : **it's Greek to me** (« pour moi, c'est du grec »). Shakespeare a employé cette tournure dans *Jules César* (I, v) ; elle remonterait au latin *graecum est, non legitur* (« c'est en grec, donc ne peut être lu »).

Autres options : **it's all Dutch to me** (« pour moi, tout ça c'est du néerlandais[2] »), voire **I can't make head nor tail of it** (« pour moi, cela n'a ni queue ni tête[3] »). Souvent, l'in-

1. On remarquera qu'il y a un siècle cette expression se disait *y perdre son latin*, et qu'elle signifiait « travailler inutilement à quelque chose, y perdre son temps et sa peine » (Littré). Dans l'une des configurations comme dans l'autre, on pense au faible nombre de personnes, aujourd'hui, ayant du latin à perdre...

2. C'est l'expression américaine ; en Angleterre, on dirait plutôt **double Dutch,** le nom donné à un jeu de langage qui se situe entre le verlan et le javanais.

3. En anglais, *heads* et *tails* désignent les deux faces d'une pièce de monnaie (l'expression est vieille de plus de trois siècles). Il est amusant de constater qu'en français, pour la locution présente, la traduction littérale fonctionne parfaitement entre les deux langues, alors que le français réserve d'autres mots à la pièce de monnaie, *pile* et *face*.

compréhensible est évoqué dans une langue par une allusion à une autre : de nombreuses langues d'Europe centrale jettent la pierre à l'espagnol ; ailleurs, certaines accusent le turc ; mais les plus incriminées sont effectivement le grec et le chinois. Quant aux Chinois de Canton, ils disent « ce sont des intestins de poule », faisant référence à la langue anglaise écrite en lettres cursives.
Et vous demanderez à vos amis turcs pourquoi pour, chez eux, c'est le français qui est du chinois !

Naître dans un **chou**

En réponse à la question qui taraude les enfants et embête tout autant leurs parents, les anglophones répondent que les bébés naissent « comme les oiseaux et les abeilles », **the birds and the bees** ; réponse guère plus instructive que les roses et les choux français. Les parents anglophones ont parfois recours, comme les Français, aux cigognes (*stork*). Quand on n'est plus un enfant, cette question (et la sexualité dans son ensemble) est évoquée par un autre euphémisme, moins fantaisiste : **the facts of life**, « les réalités de la vie ».
Personne ne semble capable de préciser comment l'expression **the birds and the bees**, connue depuis le XIXe siècle chez les naturalistes et les poètes, mais dénuée de connotation sexuelle, en est venue à nommer ce qui est tout bonnement l'éducation sexuelle, voire la vie sexuelle des humains. Mais une chose est certaine : quand, en

1928, Cole Porter écrit une chanson intitulée « Let's Do It » (« Faisons-le »), tout le monde comprend le refrain : *Birds do it/Bees do it/Even educated fleas do it./Let's do it; let's fall in love* (« Les oiseaux le font/Les abeilles le font/Même les puces savantes le font./Faisons-le, tombons amoureux »). Allez vite écouter Ella Fitzgerald chanter ce morceau ; vous en tomberez aussitôt amoureux.

Inaugurer les **chrysanthèmes**

Lors d'une conférence de presse à l'Élysée en septembre 1965, le général de Gaulle évoque la question du pouvoir personnel et des responsabilités du chef de l'État. « D'ailleurs, qui a jamais cru que le général de Gaulle, étant appelé à la barre, devrait se contenter d'inaugurer les chrysanthèmes ? », demande-t-il. Rires dans la salle.

Voilà une expression totalement opaque pour les anglophones. Tout d'abord, les chrétiens des pays anglo-saxons ne fêtent guère la Toussaint comme en France, ni le Jour des Morts ne courent au cimetière. Ensuite, les chrysanthèmes ne sont en rien associés à la mort dans le monde anglophone, ni aux cimetières, ni aux cérémonies autour de monuments aux morts, ni aux cénotaphes. Depuis la Première Guerre mondiale – ce qui a été encore renforcé par la Seconde –, la fleur associée aux morts au champ d'honneur, c'est le coquelicot, à cause de son omniprésence dans les champs de France où tant de soldats sont tombés. L'anglophone n'*inaugure pas les chrysanthèmes*.

En revanche, l'homme politique anglais ou américain est soumis à une obligation qui n'est pas si étrangère à celle que décrivait le Général. C'est le « circuit du poulet en caoutchouc », **the rubber chicken circuit**. Explication : dans les banquets, surtout à l'occasion de réceptions en l'honneur de conférenciers, de candidats politiques en tournée, on sert des aliments d'une banalité et d'une absence de goût notoires. Le poulet n'offense les convictions de personne et, hormis sa texture caoutchouteuse et son insipidité, il convient parfaitement à ce genre d'événement.

Non, non, cette expression anglaise n'est pas l'équivalent des *chrysanthèmes* français. Mais chacune décrit une corvée peu glorieuse qui fait partie de la vie de l'homme politique moderne.

Il était moins **cinq** *!*

Quand il dit *c'était moins cinq*, le Français met l'accent sur le temps – cinq minutes plus tard, ç'aurait été trop tard –, alors que l'anglais décline ce genre de situation dans l'espace : **it was a close shave !** (littéralement, « c'était rasé de près »). Mais où est le barbier ?

Comme *raser*, le verbe *shave* signifie également

« toucher en passant », « effleurer », « frôler ». Au XIXe siècle naît la formule **a close shave** pour désigner les cas où un accident a été évité de peu. Dans le langage nautique, le verbe **close-shave** signifie approcher de très près un autre bateau dans le dessein de le déstabiliser ; ce verbe existe encore aujourd'hui. Voilà pour l'explication purement linguistico-maritime.

Voici une autre interprétation, qui pourrait être qualifiée de folklorique, mais qui a du charme : autrefois, quand on se rendait chez le barbier pour se faire raser, l'idéal était d'être rasé *de près*, mais pas de trop près, pas pelé comme une carotte. Et on pense à la scène d'ouverture du film *Les Incorruptibles* (Brian De Palma, 1987), où Al Capone, joué par Robert de Niro, est interviewé par des journalistes alors qu'il est en train de se faire raser. Par mégarde, le barbier entaille la peau de son client. Du bout du doigt, Capone se contente d'essuyer son sang sur la blouse du coupable. Là, c'était *moins cinq* pour le barbier « raseur de près ».

J'en ai ma **claque**

À ses débuts (fin XIXe siècle), cette expression faisait référence à une personne ayant trop bu ou trop mangé (*manger à s'en faire claquer*; *manger à s'en faire péter la sous-ventrière*[1]). Cette acception a cédé la place à « en avoir assez, être dégoûté de quelque chose », en dehors de tout contexte alimentaire.

De même, l'expression anglaise **I'm fed up** commence par une allusion alimentaire

1. Élément du harnais du cheval.

(littéralement, «je suis rassasié au plus haut point», «au maximum»), et passe par la suite à un sens général. Prêtez l'oreille, et vous entendrez dire **I'm fed up to the back teeth**[1], voire **I'm fed up to the eyeballs** (les aliments me montent jusqu'aux molaires, jusqu'aux yeux...). Et même **I'm fed up to the gills** (... jusqu'aux ouïes).

Ras le bol, vous dites? Vous insistez? Eh bien, le bol dont il était originellement question, c'était l'anus. *Plein le cul* et *ras le cul* ne déparent pas; *plein le dos* est un peu moins fruste. L'anglais ne fera aucune allusion anatomique ici, et dira tout simplement **I'm sick and tired of it** («cela me fatigue et me rend malade»).

En un clin d'œil

En un clin d'œil, en deux coups de cuiller à pot, en deux temps trois mouvements, en cinq sec; il ne manque que le quatre[2] pour compléter cette série qui renvoie à la rapidité, au fait de pouvoir agir sans difficulté apparente. Si la première locution va de soi, la deuxième semble avoir confondu les spécialistes. Voici quelques hypothèses:

1. On pense à cette expression française inélégante, *j'ai les dents du fond qui baignent*; l'expression anglaise désigne un gros ras-le-bol, mais ni nausée, ni envie de vomir.
2. Non, *à la six-quatre-deux* ne fait pas vraiment l'affaire. C'est rapidement, certes, mais aussi négligemment.

– le *pot*, c'est la chance : on a de la chance de pouvoir faire vite et bien ;
– il s'agirait d'une louche, utilisée dans un contexte militaire, donc service express ;
– ces *coups de cuiller à pot* correspondraient à des coups de poing ;
– la *cuiller à pot* est en réalité un sabre équipé d'un protège-main en forme de coquille, et permet de régler rapidement toute difficulté ;
– c'est un jeu de mots sur l'annonce faite par Antoine de Bourbon lors de la naissance de son fils (le futur Henri IV) : « La reine nous a donné un petit prince en deux coups de cul hier à Pau. »
Cessons là notre enquête avant d'atteindre un niveau trop graveleux… L'anglophone moderne dira peut-être **in a shake**, voire **in half a shake**, littéralement, « en une secousse », « en une demi-secousse ». De quoi s'agit-il ? Il suffit de remonter au milieu du XIXe siècle anglais pour trouver l'expression complète : **in two shakes of a lamb's tail** (littéralement, « le temps qu'un agneau remue deux fois la queue[1] »). Comme c'est mignon.

Prendre ses **cliques** *et ses claques*

S'ils conviennent du sens de l'expression *prendre ses cliques et ses claques*, la plupart d'entre eux identifiant les claques comme un genre de chaussures, les experts en expressions imagées laissent le lecteur sur sa faim s'agissant

1. Parfois, **in three shakes of a lamb's tail.**

des cliques. Ce serait, selon certains, un terme régional – mais de quelle région, on se le demande ! – désignant les jambes. Et de suggérer que le fait de prendre ses jambes et ses chaussures, c'est comme *prendre ses* ***jambes*** *à son cou* (voir p. 155). Quoi qu'il en soit, la vitesse et les impedimenta semblent être ici deux notions motrices.

L'anglais est moins poétique. Première proposition : **pack up and go** (littéralement, « faire ses valises et partir »). Seconde proposition : **pack up bag and baggage** (« faire ses valises et ses bagages »). Cette expression, d'origine militaire, équivaut à l'ancienne locution française *sortir vie et bagues sauves*, c'est-à-dire sortir d'une ville assiégée avec la permission d'emporter tout ce que l'on peut. *Bag and baggage* correspondrait plutôt à *armes et bagages* en français moderne. Tout cela est bien martial et pesant au regard de la légèreté des cliques et des claques.

Se taper la **cloche**

Il existe des formules plus élégantes que *se taper la cloche* ou *se payer un gueuleton* pour exprimer les délices d'un repas fin accompagné de vins somptueux et suivi de desserts quasi célestes. Le contraste est d'autant plus vif quand on connaît le sens un peu « gros ventre bien rempli » de la première expression.

Elle part de *se taper la tête* (1900), manger comme si l'on enfonçait sa tête dans les aliments. C'est délicat. Pas si loin de *taper à la*

tête, c'est-à-dire étourdir, s'agissant d'un vin. De *se taper la tête* à *se sonner la tête*, encore un petit pas, et l'expression signifie « bien manger ». Et avec le verbe *sonner*, quoi de plus évident que la cloche comme métaphore de la tête? Voilà notre expression, née d'une rapide série de glissements progressifs. Les lexicographes nous informent doctement qu'aujourd'hui le mot *cloche* doit être compris plutôt comme « estomac » ou « ventre ». Prenons note.
L'anglais britannique apporte sa contribution avec le terme familier **blowout**, nominalisation du verbe *blow out*, « exploser ». Exemple: un site de recettes sur Internet propose sous le titre *Inexpensive New Year's Eve Blowout Party* (« Bombance peu coûteuse pour la Saint-Sylvestre ») un menu à la fois très festif et peu cher. Ce même nom s'applique à l'explosion d'un pneu automobile, à une éruption de colère, à un court-circuit qui fait sauter les fusibles, à un jaillissement non contrôlé de pétrole, par exemple. Et à un échec cuisant. Toutes choses qui rappellent, n'est-ce pas, un festin où défilent des plats plus savoureux les uns que les autres.

Cochon *d'Inde*

Le *cochon d'Inde* n'est pas un cochon et il ne vient pas d'Inde. Il fallait s'y attendre. Essayons d'y comprendre quelque chose.

Un des noms latins attribués à notre bestiole, *cavia porcellus*, révèle que sa ressemblance avec le cochon doit avoir influencé même les taxinomistes, pourtant réputés pour ne guère aimer la plaisanterie dans leur domaine, la science des classifications. Admettons donc que l'animal ressemble à un cochon, en plus poilu, en plus petit, et en plus fréquemment choisi comme animal de compagnie. Admettons.

Quant à la deuxième partie de son nom, l'affaire se corse lorsqu'on apprend que l'animal se nomme également *cochon de Barbarie*. Il est vraisemblable que la Barbarie[1] comme l'Inde soient ici des termes dont le sens réel est « loin d'ici ». Effectivement, l'animal est natif d'Amérique du Sud, qui n'est pas très près d'ici. Il est également connu sous le nom de *cobaye*, mot d'origine guarani, c'est-à-dire amazonienne, pour faire bref, lequel a déterminé une autre de ses appellations latines, *cavia cobaya*. Côté français, on comprend à peu près.

Mais tout redevient confus avec son nom anglais : **guinea pig** (« cochon de Guinée »). Ressortons l'atlas et essayons une fois pour toutes de comprendre ce qui se passe. Non, le cobaye ne vient ni de l'une des trois Guinée d'Afrique, ni de Nouvelle-Guinée. L'explication la plus fréquemment admise pour ce qualificatif d'apparence trompeuse est qu'il remonte aux *guinea-men*[2], vaisseaux négriers naviguant entre l'ancienne côte de Guinée (Afrique de l'Ouest) et l'Amérique au XVIIe siècle. C'est sur ces bateaux que les premiers *cochons d'Inde*, pardon, **guinea pigs,** auraient découvert l'Angleterre. Comme *cobaye*, **guinea pig** désigne un sujet d'expérience, scientifique ou non. Long périple pour finir dans un laboratoire de vivisection !

☞ *Quelle* **dinde** *!*

---

1. La Barbarie (ou États barbaresques) est le nom donné jusqu'au début du XIXe siècle à plusieurs pays nord-africains peuplés de Berbères.
2. Littéralement, « hommes de Guinée ».

Colin-*maillard*

Une fois n'est pas coutume, laissons de côté les lexicographes en titre (qui affirment que le nom de ce jeu vient de deux noms propres : Colin et Maillard) et écoutons un joyeux amateur, Charles Rozan. Son explication est autrement plus passionnante. Voici sa version : « Jean-Colin Maillard est un guerrier du pays de Liège qui fut fait chevalier par le roi Robert, en 999. [...] Dans la dernière bataille qu'il livra au comte de Louvain, Jean-Colin eut les yeux crevés, et il continua de combattre guidé par ses écuyers. Si c'est à ce souvenir historique qu'il faut rapporter l'invention du jeu, le *Colin-Maillard* c'est l'enfant qui, les yeux bandés, cherche à saisir l'un des autres enfants qui fuient à son approche. Cette origine ne laisserait pas subsister grand-chose de l'explication qui admet qu'un individu nommé Colin court après un autre nommé Maillard[1]. »

Et en anglais ? Le jeu se nomme **blind-man's buff**. Je vous mets au défi de trouver un anglophone capable de vous expliquer l'origine de cette expression. La première partie, *blind-man*, « aveugle », ça va. Mais s'agissant du *buff*, même les grands lexicographes – revenons à eux – sont dans la peine[2]. Et nous restons dans le noir.

---

1. *Petites ignorances de la conversation*, 1856.
2. Ne nous y trompons pas, il ne s'agit pas du *buff* que vous connaissez, l'enthousiaste, ni de la peau de chamois, ni encore de sa teinte. C'est un tout autre mot. Peut-être une rétroformation du verbe *buffet* (« secouer », « être ballotté », « ébranler »), qui traduirait les mouvements de la personne aux yeux bandés, qui se débat aveuglément ? Ou bien un terme obsolète lié au monde de l'escrime ?

Quelle **commère** *!*

Parfois une expression imagée en français est quasiment identique à son équivalent en anglais. Prenons le cas de *commère* et de **gossip**. La similitude ne vous saute pas aux yeux ? Regardons de plus près.
Les latinistes reconnaissent dans le terme français (1175) sa source latine, *cum mater*, littéralement « mère avec », autrement dit « marraine », en latin chrétien. En 1325, le mot *gossip* (épelé alors *gossib*) désignait en anglais une personne qui, lors du baptême d'un enfant, s'engageait auprès des parents pour les seconder dans leur tâche parentale. Étymologiquement, *Godd* + *sibb*, Dieu + frère ou sœur[1].
Jusque-là, les deux expressions tracent des voies parallèles. Elles poursuivent, toutes deux, pour désigner des ami(e)s, des camarades, des complices. Le plus étonnant, c'est que le cheminement parallèle persiste, des deux côtés de la Manche, avec la même évolution : l'aspect « ami(e) » prend le dessus pendant quelques siècles, et puis, en anglais comme en français, le sens glisse vers « personne bavarde qui colporte des nouvelles ».

1. En anglais, le mot *sibling* désigne indifféremment frère et sœur ; l'expression *sibling rivalry* désigne la rivalité parmi les membres d'une fratrie. Aujourd'hui, « marraine » et « parrain » se disent *godmother* et *godfather*.

Vous pensez aux *Joyeuses commères de Windsor* de Shakespeare ? Laissez tomber ; en anglais, c'est *The Merry Wives of Windsor* (littéralement, « Les Joyeuses épouses de Windsor » ; autrefois, les joyeuses femmes...).

Convoler

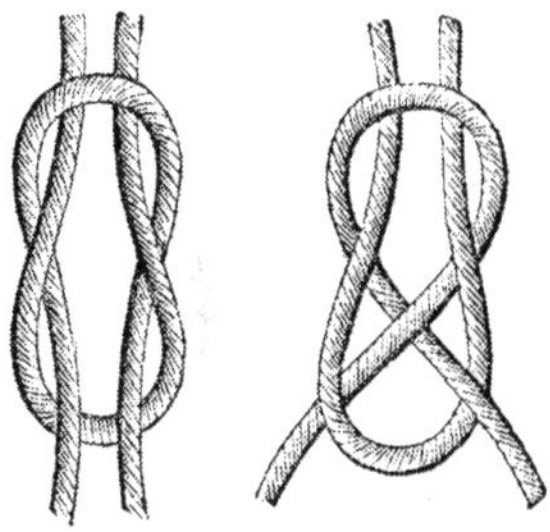

Aujourd'hui, le verbe *convoler* n'est plus employé que de façon humoristique. Depuis son emprunt au latin juridique (1417), sa signification a varié : se rendre en toute hâte quelque part, passer à autre chose, se marier. L'idée de répétition véhiculée dans la phrase latine d'origine, *convolare ad secondas nuptias*, « se marier une seconde fois », s'est perdue en français. En anglais, plusieurs locutions permettent d'évoquer plus ou moins drolatiquement le mariage. La première, **walk up the aisle** (littéralement, « remonter l'allée centrale » [sous-entendu, de l'église]), évoque les moments précédant la cérémonie du mariage religieux ; et **walk down the aisle** (« descendre l'allée centrale »), la sortie du cortège. Parfois, cette tournure sert également à mettre l'accent sur le fait qu'il s'agit d'un mariage religieux et non civil.
La seconde, **tie the knot** (littéralement, « nouer le nœud ») renvoie à une tradition diversement exprimée dans la cérémonie du mariage de plusieurs pays : les poignets des mariés sont enserrés par un ruban ou une cordelette. Enfin, le banal **get hitched** (« se faire accrocher », c'est-à-dire « atteler » : mot employé pour les voitures hippomobiles, ou les voitures de chemin de fer). Lorsque le patron de Facebook,

Mark Zuckerberg, a épousé sa fiancée en 2012, on a pu lire dans la presse : *The King and Queen of Facebook got hitched* (« Le roi et la reine de Facebook ont convolé »).

Bayer aux corneilles

Non, non, pas de leçon ici sur les distinctions à établir entre *bayer, béer, bâiller*; vous les trouverez dans n'importe quel dictionnaire digne de ce nom. Et laissons à Sophie Chantreau et Alain Rey le soin de nous expliquer le second

terme de l'expression dans leur définition de *bayer aux corneilles*: « ouvrir niaisement la bouche en contemplant (ou en désirant) une chose aussi insignifiante que l'est la corneille pour le chasseur ou la cornouille pour l'amateur de fruits. » Rabelais a forgé une expression voisine : dans le texte, *baislent aux mousches*. Et dans le contexte, en français moderne : « Car il me semble qu'ils récoltent peu de gloire, ceux qui participent seulement avec leurs yeux et qui pour le reste y épargnent leurs forces, dissimulent leurs écus, cachent leur argent, se grattent la tête avec un doigt comme des fainéants dégoûtés, *bâillent aux mouches* comme veaux de dîme[1]. »

Serait-ce de là que provient l'expression quasi synonyme, *regarder voler les mouches*? Et les Anglais, auraient-ils lu Rabelais ? On se le demande, lorsqu'on sait que la locution

1. Rabelais, *Pantagruel, Tiers Livre*, prologue.

équivalente dans la langue de Shakespeare est **catch flies** (« attraper des mouches ») !

Corser *un breuvage*

J'aimerais croire que Nietzsche faisait référence aux boissons quand il a affirmé : « Ce qui ne tue pas rend plus fort. » Je me tromperais, mais Nietzsche n'était pas si loin de la définition de *corser un breuvage.* En français du Moyen Âge, le verbe *corser* signifiait « saisir à bras le corps » ; au XIXe siècle, cela avait évolué, pour signifier « donner du corps, rendre plus fort, rendre plus savoureux », au sens premier et au figuré. Rien à voir avec la Corse. Comment cette notion est-elle rendue en anglais ? Eh bien, l'idée d'entourer fortement – non pas avec les bras, ici, mais avec un lacet, un nœud coulant ou un filet – reste la même. En anglais britannique, on dira **lace a drink** (traduction littérale, « lacer un breuvage ») ; c'est l'« enserrer » par un filet d'alcool fort. On emploie volontiers cette expression, par exemple, lorsqu'il s'agit de rendre plus intéressante une banale tasse de café ou de thé (ou un verre de bière) par l'ajout d'un peu de cognac. Aujourd'hui, l'expression connaît un destin désolant, puisqu'elle comprend également l'idée d'ajouter des drogues dans le verre de personnes dont on souhaite abuser une fois que les produits auront fait leur effet... En français, on dirait peut-être *trafiquer.*
Aux États-Unis, l'expression équivalente à *corser un breuvage* est **spike a drink** : comme si l'on perçait la boisson d'un gros clou, ou plutôt comme si on lui donnait du piquant, voire du mordant.

Avaler des **couleuvres**

Avaler des couleuvres[1], c'est supporter des humiliations, des vexations sans pouvoir protester. La victime, pour des raisons diverses, choisit de ne pas se plaindre de ce traitement, autant qu'elle y est contrainte : c'est comme si elle devait non seulement *avaler la pilule*, mais également être mortifiée en silence. D'ailleurs, en ancien français, le mot *couleuvre* désignait quelqu'un de perfide. Il existe plusieurs théories sur l'origine de l'expression ; la plupart ont en commun le désamour général des humains vis-à-vis de la gent ophidienne depuis l'épisode du jardin d'Éden.

L'anglais ne possède pas une expression qui, de façon aussi économique, réunisse toutes les notions contenues dans *faire avaler des couleuvres*. La plus approchante – mais ici, le méchant est moins perfide et plus brutal, la victime n'étant pas obligatoirement contrainte au silence –, c'est **ride roughshod over someone**. Nous sommes dans le vocabulaire du maréchal-ferrant qui, en hiver, met des fers à crampons aux chevaux pour leur éviter de glisser sur la neige (*roughshod* se traduit par « ferré à glace »). Au XVIIe siècle, cet équipement hivernal est devenu une arme de la cavalerie : mettre des pointes aux fers des chevaux leur permettrait de faire encore plus de mal à l'ennemi. Las, il semble que le dispositif fonctionna comme un « tir ami », et qu'avant d'arriver sur le champ de bataille les chevaux

1. N'est pas évoquée ici l'acception de l'expression *croire tout et n'importe quoi*.

ferrés à glace firent beaucoup de mal dans leur propre camp. Inutile de vous demander d'imaginer la sensation de se faire piétiner par un cheval ainsi équipé. Y survivrait-on seulement ? Sinon, silence assuré.

☞ *Avaler la* **pilule**

Coup de poing *américain*

Connaissez-vous cet instrument que les dictionnaires qualifient de « contondant » ? C'est une petite plaque d'acier percée de trous dans lesquels on passe les doigts, et qu'on maintient en fermant le poing. Le nom anglais du *coup de poing américain* – effectivement, la chose vient des États-Unis – oblige à apprendre un mot étrange, puisqu'il nomme une partie du corps qui ne possède pas de nom courant en français : ce sont en fait les articulations des premières phalanges. On en a quatre et, si l'on est français, il suffit de compter sur ces protubérances et leurs intervalles pour retrouver le nombre de jours de tel ou tel mois[1]. Le mot anglais est *knuckle*, et l'instrument **brass knuckles** (« phalanges en cuivre »), ou bien **knuckle-duster** (littéralement, « chiffon à poussière pour les phalanges » ; c'est un peu long !).

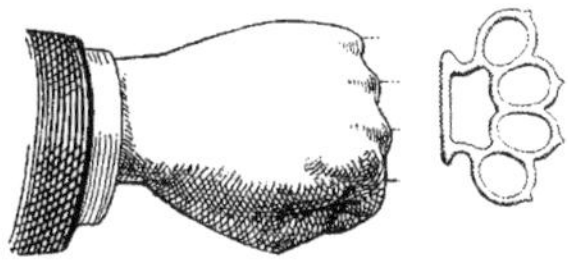

Cette partie de l'anatomie humaine est présente dans d'autres expressions. Tout d'abord **knuckle down** qui,

1. Ce système, même expliqué, reste mystérieux pour les anglophones qui, eux, disposent d'un petit poème pour leur donner les informations recherchées : *Thirty days hath September,/April, June and November./All the rest have thirty-one/Excepting February alone,/And that has 28 days clear/and 29 in each leap year.*

comme *buckle down* (voir *Travailler d'***arrache-pied,** p. 16) désigne le fait de se mettre au travail avec sérieux et vigueur. À l'origine, l'expression servait au jeu de billes ; à certains moments, le joueur devait s'accroupir et poser le dos de sa main (donc les articulations de ses phalanges) sur le sol pour tirer.

N'oublions pas **knuckle under**, expression qui rappelle qu'anciennement le mot *knuckle* désignait, outre celles du doigt, l'articulation du genou. Elle signifie « mettre genou à terre », « se soumettre », « s'avouer vaincu ».

Enfin, si jamais vous devez *taper sur les doigts* de quelqu'un, je vous fais confiance pour le geste, mais pour l'expression en anglais, voici un petit tuyau : **rap someone's knuckles**[1] (« taper sur les articulations des doigts »).

Tous les **coups** *sont permis*

Quand on affirme, aujourd'hui, que *tous les coups sont permis*, à quels coups pense-t-on au juste ? Les spécialistes des expressions françaises sont plutôt discrets : ni explication, ni date dans les dictionnaires spécialisés ou non. C'est peut-être qu'ils ne pratiquent pas les arts martiaux.

En 1988 est sorti un film d'action dont le titre anglais, *Bloodsport* (littéralement, « Sport de sang ») fut rendu en français par *Tous les coups sont permis*. L'expression française est claire dans ce contexte, et on imagine bien le carnage… Mais

1. Ou bien *rap someone over the knuckles.*

elle sert également dans des situations non sportives où la franchise est de mise, par exemple dans un entretien où l'on a convenu de parler *sans fard*.

L'expression **no holds barred** (littéralement, « aucune prise interdite ») remonte, elle, à un sport de combat très ancien, la lutte (*wrestling* en anglais). Effectivement, tant que la lutte se pratiquait de façon relativement informelle, entre amateurs, elle était régie par la tradition plutôt que par une réglementation établie. C'est au XIXe siècle que l'on commença à en codifier les règles ; son admission aux jeux Olympiques (1904) renforça la tendance. Chaque type de lutte (gréco-romaine, libre, etc.) possède un règlement qui lui est propre ; mais le combat peut également s'effectuer « sans règles », en permettant toutes les prises. L'anglais évoque des *prises*, là où le français préfère des *coups*.

No holds barred peut être également employé loin des tapis. Par exemple, en 2013, la présentatrice vedette Oprah Winfrey a utilisé cette expression en préambule de son entretien avec Lance Armstrong, multiple vainqueur du Tour de France – entretien au cours duquel il avoua avoir longtemps eu recours à des substances illicites pour réaliser ses performances. En somme, il avait joué « sans règles ».

Courrier *du cœur*

En Angleterre, la rubrique *courrier du cœur* se nomme **agony column** ou **advice column** (« rubrique des peines de cœur », « rubrique de conseils »). Aux États-Unis, c'est souvent le nom de la personne responsable de la rubrique qui prévaut. Deux sœurs jumelles ont marqué la seconde moitié du XXe siècle à cet égard : Ann Landers et Abigail Van

Buren (de leurs vrais noms Pauline et Esther Lederer), dont les rubriques s'intitulaient «Dear Ann Landers» et «Dear Abby». En Grande-Bretagne, la responsable de la rubrique se nomme familièrement **agony aunt**[1] («tante des peines de cœur», autrement dit, la confidente).

Existe-t-il un lien entre le *courrier du cœur* et l'*accroche-cœur*, cette boucle qui, dépassant de la chevelure, orne le front ou la joue d'une femme? Elle serait d'origine espagnole. La boucle, s'entend, mais aussi la dame. Au début du XIXe siècle, en français argotique, un *accroche-cœur* était un favori en forme de croc (n'oublions pas que «accrocher» vient de «croc»); cet attribut masculin est ensuite passé aux femmes, pour devenir la boucle que l'on connaît.

Le côté aguicheur se maintient dans l'expression anglaise également, puisque la chose se nomme **kiss curl** (littéralement, «boucle à baisers»). L'Amérique, avec son côté «Far West» et sa propension à ne pas faire de chichis, a offert à ce rehausseur de beauté le nom de **spit curl** («boucle [fixée par] la salive»). L'accroche-cœur portait parfois un autre nom en anglais (pas lexicalisé, celui-ci, mais on le rencontre çà et là): *beau-catcher* (littéralement, «attrape-soupirant», «attrape-galant»).

☞ **Favoris**, *pattes de lapin et autres rouflaquettes*

1. Si c'est un homme : *agony uncle*.

Coûte *que coûte*

Coûte que coûte («par tous les moyens, à tout prix») aurait été calqué sur *vaille que vaille*, expression bien plus ancienne; la première locution, plutôt positive, pourrait être rendue par «même si cela coûte très cher», et la seconde, plutôt négative, par «même si les moyens sont insuffisants», donc les résultats peu probants.

L'équivalent anglais de *coûte que coûte* remonte au métier de berger: **by hook or by crook** (qui existe en anglais depuis le XIVe siècle). Les mots *hook* et *crook* sont synonymes, et désignent la partie supérieure de la houlette du berger, le crochet[1], utilisé pour attraper ses moutons par la patte. Parmi les nombreuses explications de l'origine de l'expression, choisissons les deux plus plausibles. Soit elle constitue un petit jeu fondé sur la rime de ces deux mots, et veut dire avec humour que le berger possède deux moyens pour attraper ses moutons: le crochet ou bien le crochet… Soit l'expression remonte à un droit accordé aux paysans dans les forêts royales du Moyen Âge anglais: ils étaient autorisés à emporter de ces domaines autant de bois mort que ce qu'ils pouvaient en saisir au moyen de leur houlette et d'un crochet à foin (*crook, hook*).

Les experts nous laissent la responsabilité de trancher.

1. Rappelez-vous le capitaine Crochet: *Captain Hook*! Le mot *crook* désigne également la houlette dans son ensemble.

S'en jeter un derrière la **cravate**

Quand vous vous en envoyez un *derrière la cravate*, qu'y a-t-il là-derrière, justement ? Eh bien, le gosier, à quoi renvoie la cravate, métonymiquement parlant. L'anglais est moins élégant en pareille occurrence, mais plus marin : il peut « s'en jeter un dans l'écoutille », **put one down the hatch**. Ou, plus brutalement, il peut « s'en jeter un derrière », **knock back a drink**, qui n'est pas très loin de *faire cul sec*. Si le mal est fait, pour ainsi dire, on fera remarquer qu'il en avait quelques-uns derrière la cravate en fin de soirée. Là, l'anglais est plus précis, car tout ce qui a été bu n'est plus dans le gosier, et on dira **he had a few under his belt** (« il en avait quelques-uns sous la ceinture[1] »).

Quant au verbe *cravater*, l'image est évidente : un homme en prend un autre par la cravate ou, faisant une cravate de son bras, simplement par le cou, avec l'intention de l'étrangler (et on connaît le verbe *alpaguer*, littéralement « prendre par l'*alpague* », mot argotique qui signifie « manteau[2] »).

En anglais, on peut aussi prendre un homme par ses vêtements, mais plutôt par un bouton de sa veste, ou bien par le col de celle-ci. Le verbe **buttonhold** (1841) est défini par l'*Oxford English Dictionary* comme « accrocher quelqu'un par un bouton, et le retenir contre sa volonté » ; le mot est devenu aujourd'hui **buttonhole** (littéralement, « une boutonnière »). Bien plus ancien, le verbe **collar** (« accrocher

1. Rien à voir avec « en dessous de la ceinture », *below the belt.*
2. Ce nom provient naturellement de celui de l'animal, l'*alpaga.*

quelqu'un par le col »), qui désigne également le fait de coincer ou de capturer quelqu'un.

À ramasser à la petite **cuillère**

Vous êtes *crevé, vanné, éreinté, claqué, à plat* et *à ramasser à la petite cuillère*. Ouille ! Votre homologue anglophone va-t-il mieux ?

Examinons deux cas de figure. Tout d'abord **dog-tired** (« fatigué comme un chien »), qui remonte à **dog-weary** (même sens). Cette expression provient du monde de la vénerie : on est fatigué comme l'est un chien après une longue chasse. Shakespeare fut le premier à l'employer, dans *La Mégère apprivoisée* (IV, II) : « *O master, master I have watched so long, that I am dog-weary*[1]. » Avec cette locution, on est vanné, mais tout de même vivant.

Second cas : **knackered** (formule usitée en Grande-Bretagne). Là, le cas est plus grave, linguistiquement parlant, puisque le *knacker*, c'est l'équarrisseur, et, comme verbe argotique, le mot signifie « tuer », « châtrer », « épuiser », « user ». En somme, on est aussi fatigué qu'un cheval destiné à l'équarrissage, c'est-à-dire pas loin de mourir. Ce n'est pas pour rien que les Américains ont donné comme nom *glue factory* (« usine à colle ») aux établissements d'équarrissage.

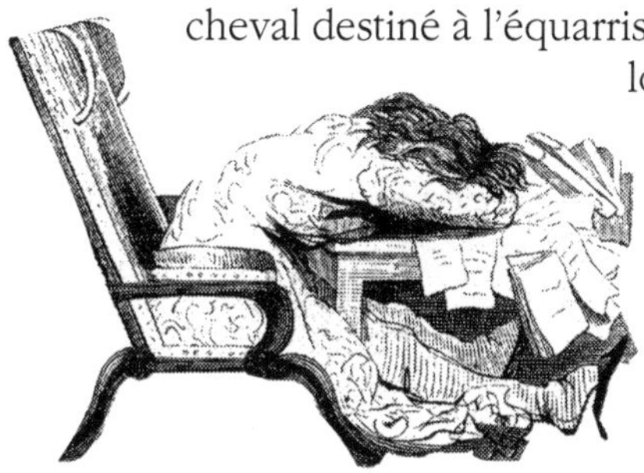

1. Traduction de Marcelle Sibon (1993) : « Oh ! maître, maître ! J'ai monté si longtemps la garde que je suis fourbu comme un chien. »

Droit de **cuissage**

On le sait, l'anglais utilise souvent des mots français pour ce qui est un peu olé-olé, ou qui offusque la pruderie légendaire des Britanniques. Voilà pourquoi ce que vous nommez *droit de cuissage*, l'Anglais l'appellera **droit de/du seigneur**. L'anglais se sert également du latin *jus primae noctis* («droit de la première nuit») pour le désigner.

Qu'est-ce, au juste? Maurice La Châtre, auteur de la *Nouvelle Encyclopédie illustrée* (1898-1907), offre quelques détails: «Droit qu'avaient anciennement les seigneurs de mettre une cuisse nue dans le lit d'une nouvelle mariée, femme d'un vassal ou d'un serf, et de coucher même avec elle. [...] Ce droit odieux s'exerçait de plusieurs manières. Tantôt le seigneur jouissait d'une nuit, ou de trois nuits, ou de trois jours; tantôt l'espace de temps pendant lequel le mari courait à la forêt et en rapportait douze fagots, ou rapportait de la plaine douze gerbes de blé qu'il avait coupées. [...] Dans l'Europe chrétienne, on avait fait une loi féodale et un droit coutumier, au profit du seigneur, de l'usage d'avoir les prémices des jeunes mariées. Des abbés, des évêques s'attribuèrent aussi cette prérogative en qualité de seigneurs temporels [...].»

Et La Châtre de s'étonner que l'Église lui ait cherché noise!

George Orwell époussette la tradition médiévale dans son roman *1984* : *There was also something called the* JUS PRIMAE NOCTIS, *which would probably not be mentioned in a textbook for children. It was the law by which every capitalist had the right to sleep with any woman working in one of his factories*[1].

Le droit de cuissage possède également sa version hollywoodienne, qui se nomme en anglais **casting couch**, littéralement, le « divan [du directeur] de la distribution ». Sont évoquées les relations phallocratiques patron-employée, particulièrement concernant les actrices. En français, la *promotion canapé.*

Il se croit sorti de la **cuisse** *de Jupiter*

On connaît le rôle de la cuisse comme lieu de génération chez les dieux de l'Olympe et dans la Bible[2]. Cependant, la narration rocambolesque de la naissance de Bacchus n'a pas trouvé place dans les expressions imagées anglaises, pas plus qu'une autre analogie bien connue en français, *il se croit le nombril du monde*[3].

1. « Il y avait aussi une chose appelée *jus primae noctis*, dont on ne parlait sans doute pas dans les manuels scolaires. C'était la loi selon laquelle tout capitaliste avait le droit de coucher avec toute femme travaillant dans l'une de ses usines. » (traduction de H. Leblanc)

2. « Chez les Hébreux, les enfants d'un homme sont représentés comme issus de sa cuisse, euphémisme pour désigner les organes de la procréation. Ceci explique la coutume des serments faits en plaçant la main sous la cuisse, c'est-à-dire sous les parties génitales (Genèse, 24 : 2, 24:9) » (Alexandre Westphal, *Dictionnaire encyclopédique de la Bible*, Imprimeries réunies, 1956).

3. Et ne parlons pas de *il ne se sent pas pisser.*

Pas si loin, en revanche, l'anglais offre **he thinks he's God's gift to the world** («il se croit le cadeau de Dieu au monde»). Mais voyez à présent les autres façons de traduire cette idée : **he thinks he's... the bee's knees** («les genoux de l'abeille») ... **the cat's meow** («le miaulement du chat») ... **the cat's whiskers** («la moustache du chat») ... **the cat's pyjamas** («le pyjama du chat»). Ces tournures furent popularisées aux États-Unis dans les années 1920. Les autorités linguistiques nous laissent sur notre faim quant à leurs origines, en faisant valoir que c'est l'absurdité même des notions véhiculées qui explique leur popularité. Ajoutons, enfin, que **bee's knees**, **cat's meow**, **cat's whiskers** et **cat's pyjamas** fonctionnent encore aujourd'hui hors de tout lien avec une quelconque cuisse, pour désigner le *nec plus ultra.*

☞ *Il* **pète** *plus haut que son cul* • *Le* **roi** *n'est pas son cousin*

D

Se déboutonner

Se déboutonner, voilà une expression polyvalente ! C'est d'une part se livrer, parler à cœur ouvert, se comporter de façon libre, sans inhibitions, et d'autre part avouer, parfois en disant plus qu'il ne faudrait, manquer de réserve, divulguer un secret.

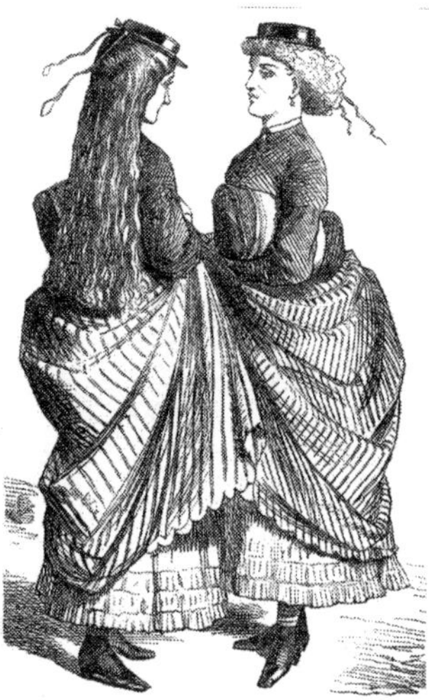

L'anglais aborde ces deux affaires différemment. Pour la première, **let your hair down** (littéralement, « laisser tomber ses cheveux », c'est-à-dire défaire son chignon). Cette expression fait référence aux femmes qui, autrefois, ne sortaient jamais *en cheveux*. Défaire son chignon était une façon pour une femme de se livrer sans inhibitions. On ne s'étonnera pas que cette expression véhicule également

l'idée de se défouler, en anglais : l'acte se joint à la parole.
Pour transmettre l'idée de la seconde en français, dans le registre familier, on dira **spill the beans** (littéralement, « renverser accidentellement les haricots »). L'expression n'est présente en anglais (américain) que depuis le début du XXe siècle ; pourtant certains spécialistes y voient une allusion à un système de vote par plébiscite de la Grèce ancienne, qui consistait à déposer des haricots noirs (« non ») et blancs (« oui ») dans des casques ou des jarres. Il est étrange que les Américains aient attendu si longtemps pour exhumer une telle histoire ! Une autre explication, bien plus terre à terre : **spill the beans** est une façon de dire vomir, donc de « rendre » (en) public. Mais si l'on ne connaît pas l'origine exacte de l'expression, ce n'est pas *la fin des haricots*[1], n'est-ce pas ?

☞ **Motus** *et bouche cousue* • **Vendre** *la mèche*

Se **dégonfler**

Se dégonfler, c'est manquer de courage, ou bien perdre courage. Cette expression date du début du XXe siècle, et les experts n'en expliquent pas l'origine, encore qu'elle semble facile à deviner, puisqu'elle évoque la mollesse, un manque soudain de consistance, de fermeté.

1. Cette expression ne possède pas d'équivalent en anglais, à ma connaissance.

À la fin du XIXe siècle, l'anglais possédait déjà un équivalent : **have cold feet**, ou bien **get cold feet** (« avoir froid aux pieds », « prendre froid aux pieds »), expression qui évoque un soupçon de lâcheté. Pour les uns, elle remonte à un proverbe lombard, *avegh minga frecc i pee*, avoir froid aux pieds devant ici signifier être sans le sou après une partie de cartes où l'on vient de perdre jusqu'à ses bottes. Vous parlez lombard ? Pas moi !

Une autre explication, qui relève de l'histoire militaire : avant 1900, dans l'infanterie, les cas d'engelures aux pieds étaient fréquents, et ce handicap pouvait empêcher un fantassin d'avancer, de se jeter dans la bataille. Mais est-ce que je vous demande si vous avez été militaire au XIXe siècle ?

Il existe un verbe aux États-Unis pour désigner ce défaut de courage, **chicken out** (c'est-à-dire s'enfuir comme un poulet qu'un rien effraie) ; il date du milieu du XIXe siècle. En tant que francophone, on peut comprendre cette locution, car le français possède le mot *poltron*, qui remonte au latin *pullus*, désignant le petit d'un animal en général, et en particulier le poulet. Depuis Shakespeare, le substantif *chicken* renvoie en anglais à une personne timorée, incapable de se défendre et un peu lâche.

Avoir une **dent** *contre quelqu'un*

Quand on *a une dent contre quelqu'un*, c'est souvent que l'on n'*a pas digéré quelque chose*, qu'on a conservé le souvenir d'un affront. Pour Molière, la dent en question est une dent de lait[1], c'est-à-dire une dent que l'on a perdue et que l'on devrait avoir oubliée. Mais comme on ne l'a pas oubliée, on est un peu rancunier. On peut, de nos jours,

1. *Le Malade imaginaire*, acte III, scène III.

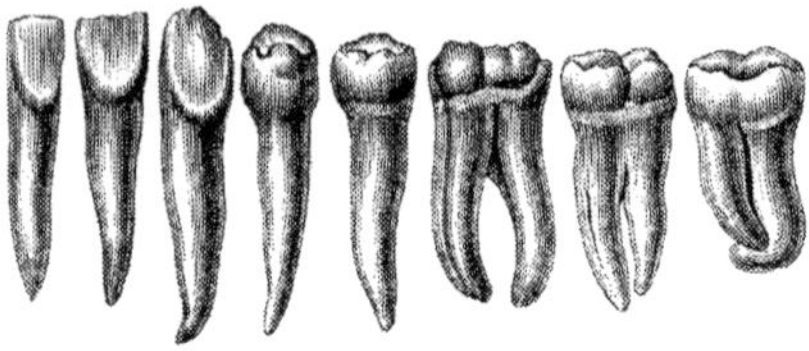

quand on en veut à quelqu'un, lui jurer : « Je te garde *un chien de ma chienne.* »
En anglais nord-américain, en pareilles circonstances, on dirait **have a chip on your shoulder** (littéralement, « avoir un copeau sur l'épaule »). D'origine américaine, elle date du début du XIXe siècle, et semble s'expliquer par une pratique entre jeunes gens d'alors. Quand un garnement cherchait la bagarre, un copeau de bois posé sur son épaule constituait une sorte de défi ; un autre venait le faire tomber, à ses risques et périls. L'équivalent de jeter le gant comme le faisait un chevalier. L'expression a cheminé vers d'autres sens : manifestation de mauvaise humeur ou de défiance, souvenir d'un grief persistant. Cela étant, il peut arriver qu'une personne **with a chip on his/her shoulder** n'en veuille à personne en particulier, mais plutôt à tout le monde ; ainsi l'expression anglaise ratisse-t-elle plus large que la française.

☞ *Un* **prêté** *pour un rendu*

Les **dés** *sont pipés*

Le verbe *piper* (il existe en français depuis le XIe siècle) signifie « pousser un petit cri » ; d'où *ne pas piper* (ne pas dire un mot). Quand on veut attraper un oiseau, on imite son cri pour l'attirer à soi. Ou bien on utilise un appeau pour le tromper. On *pipe* la bécasse, on la prend à la *pipée.*

De là, *pipé* en est arrivé à signifier « pris, attrapé », particulièrement au jeu. On pipe des cartes en leur imprimant des marques frauduleuses ; pour piper un dé, on le truque en ajoutant un supplément de poids sous l'une de ses faces, de manière à ce qu'il s'arrête plus souvent sur cette face. L'oiseau est loin (et le vol proche…).

L'expression anglaise, **load the dice**, ne repose sur aucune histoire médiévale de volatiles, mais – et ce depuis la fin du XIXe siècle – sur la manière de truquer un dé, c'est-à-dire de le « charger » (*load*) d'un poids, comme expliqué ci-dessus. Ce verbe, qui a eu son moment de gloire dans les ports maritimes du monde entier, connaît une nouvelle vie dans d'autres ports, ceux des ordinateurs, grâce à des verbes tels que *upload* et *download* (« mettre en ligne », « télécharger »).

Les deux expressions ne servent plus qu'au sens figuré – truquer –, sauf chez quelques chasseurs et dans les tripots les plus louches.

Tirer le **diable** *par la queue*

Dans *Lucrèce Borgia* (1833), Victor Hugo prend au premier degré l'expression *tirer le diable par la queue* : « C'est qu'il faut que la queue du diable lui soit soudée, chevillée et vissée à l'échine d'une façon bien triomphante pour qu'elle résiste à la multitude de gens qui la tirent perpétuellement ! » L'anglais ne connaît pas ce diable, ni sa queue chevillée au corps, ni ce que la tirer veut dire. On est donc sidéré d'apprendre que la traduction anglaise de la pièce rend ce passage par un mot-à-mot certes amusant, mais incompréhensible à qui ne parle pas français[1]. En anglais, l'expression équivalant à *tirer le diable par la queue* est plus terre à terre : c'est « vivre de la main à la bouche », **live from hand to mouth**. Bref, quand on parvient à mettre la main sur de la nourriture, on la mange tout de suite. La locution anglaise possède cependant une nuance qui n'est pas présente en français : elle suggère un manque de prévoyance, une légèreté en ce qui concerne l'avenir. En un mot, le francophone qui tire le diable par la queue est à plaindre, et l'anglophone qui vit **from hand to mouth** à réprouver.

Quelle **dinde** *!*

Écartons tout de suite la remarque désobligeante que l'on entend parfois à propos d'une femme : *quelle dinde !* (**what a silly goose !**, littéralement, « quelle oie idiote ! »), et passons à l'animal lui-même. Accrochez votre ceinture, car c'est compliqué !
Le mot « dinde » provient de l'expression *poule d'Inde* ; le dindon, c'est tout naturellement le mâle de cette espèce.

1. *« The devil's tail must be welded and screwed and fastened most securely to his spine to withstand the exhaustless multitude of people who are forever pulling at it ! »* (traduction de I. G. Burnham, 1896).

Quand le gastronome Brillat-Savarin (1755-1826) affirme que « le dindon est certainement un des plus beaux cadeaux que le nouveau monde ait fait à l'ancien », on reste troublé pendant quelques secondes. L'Inde ferait-elle partie du Nouveau Monde ? Bien sûr que non, car il s'agit ici des Indes occidentales, en l'occurrence l'Amérique, dans la conception ancienne. Cette confusion résulte de l'acte fondateur d'un Christophe Colomb cherchant la route de l'Inde en passant par l'océan Atlantique, arrivant en Amérique et attribuant le nom d'« Indiens » aux autochtones, histoire de donner corps à son désir.

Et l'anglais pour « dinde » ? C'est **turkey**, c'est-à-dire Turquie, majuscule en moins. Mais d'où vient cette sacrée bestiole ? Elle n'est pas américaine ? Ces messieurs d'Oxford précisent qu'au XVIe siècle on donna ce nom (*Turkey hen*, poule de Turquie) à un oiseau africain, parce qu'il était importé de régions alors dominées par les Turcs. Quand les Portugais rapportèrent ces oiseaux en Europe depuis la Guinée (Afrique de l'Ouest), le nom *guinea fowl* (« poule de Guinée[1] ») leur fut accolé. Jusque-là, ça reste logique. Mais lorsque l'oiseau américain – celui qui se mange lors des grands repas de fête en Amérique du Nord – fut importé en Angleterre, et que l'on distingua entre les deux oiseaux, c'est par erreur le nom de **turkey** qui lui fut donné, alors que ce nom s'appliquait à son camarade africain. Pauvre bête.

☞ **Cochon** *d'Inde*

---

1. Aujourd'hui, cet animal se nomme *pintade* en français (*pintada* signifie « tacheté » en portugais).

Mon petit **doigt** *m'a dit*

Sale cafteur, ce petit doigt. Mais lui et l'oreille ont partie liée depuis belle lurette, étymologiquement parlant. Tous deux ont un ancêtre commun, le mot latin *auricula* (oreille). Quoi de plus naturel, donc, que l'auriculaire se mette dans l'oreille et qu'il y cause ?

En anglais, ce doigt ne possède même pas de nom savant, sans parler d'un lien étymologique historique avec l'oreille : il se nomme *little finger, baby finger,* parfois *pinkie* (le « petit doigt », le « bébé doigt », le « petit rose »). Le cafteur en anglais, c'est un petit oiseau : **a little bird told me**. Cet oiseau a effectué ses premiers vols – et ses caftages y furent annoncés – dans la Bible, l'Ecclésiaste, pour être précis : « Ne maudis pas le roi, même dans ta pensée, et ne maudis pas le riche dans la chambre où tu couches ; car l'oiseau du ciel emporterait ta voix, l'animal ailé publierait tes paroles[1]. »

Le doigt passe la barrière des langues dans l'expression *croiser les doigts,* **cross your fingers**, mais il n'est plus de la partie quand les choses deviennent difficiles. Pas question de *mettre le doigt dans l'engrenage,* **get caught up in the spiral** (littéralement, « se faire prendre dans la spirale »). Pas plus que de se faire mordre : *je m'en mords les doigts,* **I could just kick myself** (« je me botterais les fesses »).

1. *Ecclésiaste,* 10:20.

Dans de beaux **draps**

Voici une vieille expression française qui fonctionne par antiphrase car la situation dans laquelle on se trouve n'est pas belle, mais pas du tout. Elle descend de deux autres

expressions, désormais disparues: *être couché en blancs draps* et *mettre quelqu'un en beaux draps blancs*[1] (être cible de médisance, prendre quelqu'un comme cible de la médisance).

L'expression anglaise équivalente fonctionne également sur le mode de l'ironie, puisqu'il s'agit de se trouver joliment conservé en saumure (ou dans du vinaigre), **in a pretty pickle**, pas réellement un destin enviable. L'anglais a emprunté le mot *pickle* au néerlandais au XVe siècle, et

1. «Ah! coquines que vous êtes, vous nous mettez dans de beaux draps blancs, à ce que je vois […]!» (Molière, *Les Précieuses ridicules*, scène XVIII).

en a profité par la suite pour introduire une idée véhiculée par l'expression néerlandaise : *in de pikel zitten*, « s'asseoir dans la saumure ». Shakespeare a bien connu ce cornichon. À l'acte V de *La Tempête* (1610), Alonso demande à Trinculo comment ce dernier a pu se mettre dans une situation si désagréable (Trinculo étant complètement soûl) : *How camest thou in this pickle*? Les traducteurs ont dû se trouver, eux aussi, dans de beaux draps, car la plupart d'entre eux perdent entièrement le jeu de mots – identifié pourtant par tous les shakespearologues – et s'embourbent dans des histoires de saumure, de marinade.

☞ *Dans le* **pétrin**

E

*Tomber à l'*eau

Pour ce qui est de l'échec d'un projet ou d'une entreprise, quels qu'ils soient, le français est riche d'expressions, chacune ayant sa petite particularité. *Tomber à l'eau*, c'est être abandonné, pour un projet, ou échouer, pour celui qui l'entreprend ; l'allusion à la noyade ne laisse pas de doute quant à la renonciation définitive. *Finir en queue de poisson*, c'est se terminer de façon intempestive, sans donner les résultats escomptés. *Passer à la trappe*, être mis au rebut. La vieille locution *tourner en eau de boudin* (ou *s'en aller en eau de boudin*), c'est échouer progressivement. Quant à l'origine de cette tournure, chaque spécialiste offre sa version. Pour les uns, il s'agit de l'eau avec laquelle on rinçait les boyaux avant la fabrication du boudin ; pour les autres, l'eau de cuisson du boudin utilisée par la suite comme bouillon.

Rey et Chantreau y consacrent deux colonnes, pour parvenir à des conclusions que je n'ose présenter ici.
En anglais, **go down the drain** («passer au tout-à-l'égout») véhicule une idée d'échec, de disparition ou de détérioration[1] ; l'expression date des années 1930. Plus récente, plus américaine, **go down the tubes**, où le mot *tubes* serait tout simplement une autre façon d'évoquer les canalisations. C'est clair : *tout s'en va, tout passe, l'eau coule*... Reste à savoir si le cœur oublie[2].

☞ **Capoter**

École *buissonnière*

Nombreux sont les dictionnaires à lier l'expression à une pratique historique des protestants. Selon les uns, avant la Réforme, les protestants retiraient leurs enfants des petites écoles à Paris, alors sous le pouvoir de l'Église catholique. Soit pour éviter aux enfants l'influence de Rome, soit pour permettre à leurs parents de se soustraire à la redevance catholique. D'après d'autres théories, les protestants, proscrits par les édits de François Ier et Henri II, tenaient leurs écoles en pleine campagne, souvent au milieu des bois. En 1552, le Parlement de Paris interdit ces écoles buissonnières.
Les deux expressions les plus communément utilisées en anglais pour désigner le fait de «faire péter» (comme on dit aujourd'hui) l'école ou les cours : **play hooky** (jouer «au crochet», «à l'hameçon[3]») et **play truant**. Cette dernière

1. Sans le verbe, cette tournure peut également désigner le gaspillage ; par exemple, une amende à payer et voilà deux cents dollars jetés par la fenêtre.
2. ... et si Flaubert pardonnera ce détournement de sa prose.
3. On ne sait pas s'il est fait allusion au crochet des voleurs, ou bien à l'hameçon dont l'élève a la sensation de se défaire en n'allant pas à l'école.

locution remonte au français *truand/truant* qui, au Moyen Âge, désignait un mendiant professionnel, donc un vagabond. On remarquera que, dans les deux cas, l'élève *joue* lorsqu'il se dispense d'aller à l'école. L'anglophone ne ressent aucunement le sens du mot français *truand*, mais il serait aisé d'affirmer qu'en n'allant pas à l'école l'enfant joue au truand. Petit coquin!

*S'*endimancher

S'il souhaite *s'endimancher*, le francophone revêtira ses habits du dimanche. Logique. Et si l'on est anglophone, on fera la même chose : **put on your Sunday best** (littéralement, « mettre ce que vous avez de mieux et qui est réservé au dimanche ») ou, parfois **put on your Sunday clothes** (« mettre vos vêtements du dimanche »). L'expression française date de 1572, et les deux expressions anglaises de 1794 et 1642 respectivement. Dans les deux cas est sous-entendue l'idée selon laquelle on met ses plus beaux vêtements pour se rendre à la messe, au culte.
D'ailleurs, il existe en Amérique du Nord une autre expression, un peu désuète, mais que l'on entend encore : **Sunday-go-to-meeting clothes** (littéralement, « vêtements pour aller

à la réunion du dimanche»). Quelle est cette réunion du dimanche? Le culte, bien sûr: aujourd'hui celui des quakers, mais, au XVIIe siècle, celui des congrégations chrétiennes non conformistes (c'est-à-dire des protestants en rupture avec l'Église d'Angleterre, ceux-là mêmes qui émigrèrent en Amérique pour fuir les persécutions consécutives à la Réforme). Une dernière expression enfin, équivalente à *s'endimancher*, qui comporte le nom de deux pièces du vêtement féminin, *bib* et *tucker*, faites de soie ou de dentelle – aujourd'hui on dirait des *modesties*[1] – et destinées à cacher ce sein qu'on ne saurait voir. À l'origine, elle s'appliquait uniquement aux femmes, comme *mettre ses plus beaux atours* en français. Une locution intraduisible car les pièces de vêtement qu'elle désigne ont depuis longtemps disparu: **put on your best bib**[2] **and tucker**. Si on l'entend encore au XXIe siècle, ceux qui s'en servent ne savent plus du tout à quoi elle renvoie en anglais.

☞ *Sur son* **trente et un**

*Ils vécurent heureux et eurent beaucoup d'***enfants**

Là où les contes de fées français se terminent par cette phrase immarcescible: *Ils vécurent heureux et eurent beaucoup d'enfants*, les mêmes en anglais ont pour conclusion:

1. Cet article vestimentaire est un «petit mouchoir placé à l'encolure du corsage et destiné à voiler le décolleté» (Alain Rey, *Dictionnaire historique de la langue française*, Robert, 2006).
2. On connaît le mot *bib* pour «bavoir»; effectivement, il existe un lien entre les deux sens de ce mot.

And they lived happily ever after – n'eurent-ils donc pas d'enfants? Est-ce notre côté *no sex, please, we're British* («pas de sexe, s'il vous plaît, nous sommes britanniques»)? Pourtant, les enfants sont aussi présents dans un certain nombre de locutions du monde anglophone. Voyez plutôt:

FRANÇAIS	ANGLAIS	TRADUCTION
Accouchement	*Childbirth*	Naissance d'un enfant
Allocations familiales	*Child benefit, family allowance*[1]	Allocation pour enfants, indemnité familiale
Bon enfant	*Good natured, easy-going*	Ayant une bonne nature, qui est d'humeur facile
De sécurité	*Childproof*	«À l'épreuve des enfants», c'est-à-dire sans danger pour eux
Enfant de chœur / Ce n'est pas un enfant de chœur	*Altar boy / He's no angel*	Garçon d'autel / Ce n'est pas un ange
Enfant laissé à lui-même	*Latch-key kid*	Gamin à clé[2]
Enfant propre	*Toilet-trained child*	Enfant sachant utiliser les WC
Enfant trouvé	*Foundling*	≈ Petit être trouvé
Faire un enfant dans le dos à quelqu'un	*Play a dirty trick on someone*	Jouer un sale tour à quelqu'un
Jardin d'enfants	*Kindergarten*	Jardin d'enfants (de l'allemand)
Nourrice, babysitter	*Child minder, babysitter*[3]	Gardien(ne) d'enfants
Voiture d'enfant	*Baby carriage, pram*[4]	Voiture de bébé, déambulateur[5]

1. Le premier britannique, le second canadien; il n'existe pas de système généralisé d'allocations familiales aux États-Unis.
2. Le mot *latchkey* désigne la clé du verrou de la porte d'entrée.
3. Le premier britannique, le second nord-américain.
4. Le premier terme est nord-américain, le second britannique, raccourci de *perambulator.*
5. Non pas celui qu'utilisent les personnes âgées, qui se nomme diversement *walker, walking frame* (Amérique du Nord) ou *Zimmer frame* (Angleterre, du nom de leur fabricant).

Terminons-en avec deux petits dont le nom imagé, en anglais, révèle le lieu de prédilection (le sol) et la faible stature : **rug rat** (littéralement, « rat de tapis[1] »), et **ankle-biter** (littéralement, « mordeur de chevilles »). Est-il besoin de vous dire que ce sont des expressions tout à fait familières et humoristiques ?

Tous logés à la même **enseigne**

On doit tous subir les mêmes inconvénients, les mêmes ennuis, *être logés à la même enseigne*. Lorsque l'auberge portait *l'enseigne de la lune, de l'étoile* ou *de la belle étoile*, c'est qu'on logeait dehors. L'expression anglaise équivalente évoque une situation autrement plus désastreuse : **all in the same boat** (« tous dans le même bateau »). Quel bateau ? Eh bien, pensez canot de sauvetage, pensez *Titanic*. En cas de naufrage, tout le monde s'y trouve réuni.

1. L'expression date de 1970. C'est également le nom d'une série télévisée américaine pour enfants qui débuta en 1991 et connut une douzaine de saisons. Titre français, *Les Razmoket*.

Deux autres expressions anglaises tournent autour d'une embarcation, si l'on peut dire : **miss the boat** et **rock the boat**. Dans les deux cas, la traduction littérale donne un bon aperçu du sens figuré. **Miss the boat**, c'est « manquer le bateau », c'est-à-dire le coche[1], manquer une occasion. Quant à **rock the boat** (littéralement, « faire tanguer le bateau »), c'est faire des remous, créer des problèmes, jouer les trouble-fête.

Un **estomac** *d'autruche*

Avoir un estomac d'autruche, c'est tout digérer, particulièrement quand on est gros mangeur. Dans son *Grand Dictionnaire universel* (1865-1876), voici ce que dit Pierre Larousse de l'autruche : « [...] elle engloutit dans son vaste estomac des cailloux, du verre, des morceaux de bois,

1. On sait, naturellement, que le coche est un véhicule ; mais outre la grande voiture publique tirée par des chevaux, ce mot désigne une sorte de chaland halé par des chevaux, sur un canal, par exemple : un coche d'eau.

de la chaux, du plâtre, du fer, du cuivre, etc.» En réalité, l'autruche ne fait que ce que la Nature l'oblige à faire: manger du dur pour broyer les végétaux qu'elle ingurgite, puisqu'elle est incapable de les mastiquer. On attribue à Scribe cet échange à propos d'un homme coupable d'excès gastronomiques: «Et il n'en est pas mort? — Non, il a un estomac d'autruche.»

L'expression équivalente en anglais, c'est «avoir un estomac en fonte»: **have a cast iron stomach**. Cette locution implique que l'on peut tout digérer, y compris des aliments avariés ou nauséabonds.

Ne quittons pas l'autruche, cependant, sans évoquer un autre de ses titres de gloire. *La politique de l'autruche*, c'est fermer les yeux pour ne pas voir un danger; on dit aussi *se voiler la face*. Pierre Larousse affirme que l'oiseau cache sa tête dans le sable, soit pour s'épargner la vue de son ennemi, soit pour faire disparaître un danger. D'où l'expression anglaise: **head-in-the-sand policy** (la «politique de la tête dans le sable[1]»).

1. La locution existe également sous forme verbale, par exemple: *there's no use hiding your head in the sand* (cela ne sert à rien de pratiquer la politique de l'autruche).

F

Vous faites **fausse route**

En français, quand on *se trompe de cible*, on *frappe à la mauvaise porte*, ou bien on *fait fausse route*; ces trois images sont limpides. La tournure anglaise **bark up the wrong tree** se comprend, certes; mais quel contexte l'explique? Revenons (nuitamment) à l'Amérique naissante, et chassons le raton laveur, à l'aide d'un chien, sans autre éclairage que la lune. Le chien est dressé à poursuivre sa proie, puis à aboyer devant l'arbre où elle finit par se réfugier. Mais, parfois, le malin animal feinte, passant des branches d'un arbre à l'autre; le chien se retrouve à aboyer devant le mauvais arbre. L'expression est attestée dès les années 1830 aux États-Unis, et l'on ne s'étonnera pas de rencontrer souvent, à propos de Davy Crockett[1], ce héros du Far West, des allu-

1. 1786-1836. Crockett fut surnommé « *King of the Wild Frontier* » (« Roi de la Frontière sauvage ») ; on le connaît encore sous cette appellation.

sions aux chiens de chasse au raton laveur (*coon-dogs*) et à leurs aventures. Davy Crockett lui-même est très souvent représenté coiffé d'une toque de fourrure de raton laveur, avec la queue annelée.
De nos jours, l'expression est employée très fréquemment, de manière tout à fait banale, sans que l'on connaisse son contexte originel.

Favoris, *pattes de lapin et rouflaquettes*

Voilà de jolies appellations pour ces touffes de barbe qui poussent sur la joue d'un homme. Notons qu'avant de s'appliquer aux favoris le mot *rouflaquettes* désignait, en argot de souteneur, les mèches de cheveux que nous appellerions aujourd'hui des accroche-cœurs, mais pommadées, et collées sur les tempes.

En anglais, **sideburns**. Si les favoris sont très longs et fournis, et que seul le dessous et le devant du menton sont rasés, il s'agira de **mutton chops** («côtelettes d'agneau»).
On pense naturellement à expliquer **sideburns** à partir de *side* («côté») et de *burn* («brûler»), d'autant que le mot **sidebars** les désigne également. Erreur, car ce terme remonte au patronyme d'un soldat de la guerre de Sécession: le général Ambrose Everett Burnside. Ce militaire haut en couleur légua son nom non seulement à un type de chapeau mais aussi à cette forme flamboyante de sculpture pileuse faciale.
Pourquoi a-t-on renversé les deux termes de son patronyme, s'agissant des rouflaquettes? Comment Burnside

est-il devenu **sideburn(s)**? On l'ignore. Après bien des renversements de fortune militaires pour le général, celui-là fut d'un tout autre genre!

☞ **Courrier** *du cœur*

Quel **fayot** *!*

Le mot *fayot* ne possède pas d'entrée propre dans les dictionnaires de Pierre Larousse et d'Émile Littré; il faut chercher le nom de ce haricot à *fayol.* Laissons à Pierre Larousse le plaisir de la définition: «Nom que l'on donne aux haricots dans les départements du Midi, et qui est même employé sur les vaisseaux et dans quelques administrations maritimes locales, comme à Rochefort, sans doute pour avoir été emprunté aux marins toulonnais. – *mar. Doubler le cap Fayol,* Dans le langage des marins, être enfin délivré des haricots dont on se nourrissait exclusivement à bord. // Les marins disent *fayot* plus souvent que *fayol*[1].»

Reste à comprendre comment le haricot conduit au *cireur de pompes,* voire au *lèche-bottes*[2]. Voici: au milieu du XIXe siècle, le terme *fayot* en vint à désigner un militaire

1. *Grand Dictionnaire universel,* 1865-1876.

2. L'anglais aussi possède son lèche-bottes: *boot-licker.*

rengagé : celui-ci revenait à l'armée comme les haricots au menu du bord. De là, peu de chemin pour arriver au sens que l'on connaît : celui qui fait du zèle pour bien se faire voir de ses supérieurs (ou de ses professeurs).
En Amérique du Nord, il existe une vieille pratique chez l'élève qui souhaite entrer dans les bonnes grâces de sa maîtresse d'école : il lui porte une jolie pomme, bien lustrée. Même si on ne donne plus guère de pommes à ses professeurs, cette image est encore tout à fait vivace, et on en voit de fréquentes représentations. La locution s'est étendue à d'autres domaines, pour désigner une personne qui flatte son supérieur. C'est le « cireur de pomme » : **apple polisher**[1].

☞ *Passer la* **brosse** *à reluire*

Les quatre **fers** *en l'air*

Le français est friand d'expressions utilisant le chiffre quatre. Allez savoir pourquoi ! Une chose est certaine, cependant, c'est que l'anglais ne prise pas spécialement son chiffre *four* !

1. La vulgarité de quelques autres expressions de même sens nous interdit de les évoquer ici…

Le quatre peut renvoyer directement ou indirectement à la structure des tétrapodes que sont les mammifères, à commencer par l'homme. Bébé, le Français *marche à quatre pattes*; en anglais un seul mot résume cette idée, *crawl*, qui ne signifie pas nager le crawl, mais ramper. Vous êtes positionné à quatre pattes sans vous mouvoir? Vous êtes **on your hands and knees** (littéralement, «sur vos mains et vos genoux»).
Autre posture : en tombant, on se trouve **les quatre fers en l'air** (l'allusion aux fers du cheval est évidente). L'anglais mettra l'accent sur l'action de chuter plutôt que sur le résultat : **fall head over heels**, littéralement, «tomber la tête par-dessus les talons», ce qui évoque un saut périlleux[1]. De façon moins élégante – et plus nord-américaine –, **fall ass over tea-kettle** («tomber cul par-dessus bouilloire»).

☞ *Se mettre en* **quatre** • **Quatre**-*quarts* • *Entre* **quatre** *z'yeux* • *Dire ses quatre* **vérités** *à quelqu'un*

Un **feu** *de paille*

Le *feu de paille* est caractérisé par la soudaineté avec laquelle il se déclare, la violence avec laquelle il se manifeste, et la rapidité avec laquelle il s'éteint.
En anglais, on évoquera **a flash in the pan**. Un «éclair dans la poêle à frire»? Ou «dans la casserole»? Un «éclat brillant dans la batée» (récipient dans lequel l'orpailleur tente de séparer l'or du sable et de l'eau)? Cette dernière

1. N'oublions pas le coup de foudre : *head over heels in love!*

proposition est assez attrayante : l'orpailleur trouve une pépite, puis plus rien. Non, non et re-non ! Il s'agit d'un « retour de flamme dans le bassinet ». Vous ne comprenez pas ? C'est peut-être parce que vous n'avez pas manié un mousquet récemment. Cet épisode de l'histoire des armes à feu vous éclairera : « Au commencement du XVIIIe siècle, l'infanterie était en partie armée du mousquet qu'on faisait partir en mettant le feu à la poudre contenue dans le bassinet à l'aide d'une mèche enflammée[1]. »

La poudre, dans le bassinet (nommé *pan*, ou *flash pan* en anglais), étant allumée par la mèche, le feu se communiquait alors, par un petit trou, à la poudre de la cartouche qui avait été versée dans le canon. Cette poudre, en explosant, expulsait la balle qu'on avait coincée au fond du canon à l'aide d'une baguette. Quand le dispositif d'allumage fonctionnait mal – ce qui était fréquent, semble-t-il –, la poudre, au lieu d'expulser la balle, s'embrasait, créant un retour de flamme dans le bassinet, très près de la main du tireur. Le mousquet *faisait long feu*, le coup ne partait pas. Ce qui nous permet de voir sous un nouveau jour l'expression française *ne pas faire long feu* que Rey et Chantreau définissent comme « ne pas durer longtemps, être vite terminé ».

Feuille *de chou*

Carrière chaotique que celle de la *feuille de chou* ! Carrière diverse, assurément, mais peut-on la qualifier de belle ? Dans l'argot militaire du XIXe siècle, la *feuille de chou* désignait une guêtre de cuir ; dans celui des marins, un col de vareuse fripé. Le terme a été également appliqué au tabac à chiquer. Si, aujourd'hui, les redresseurs

1. *La Grande Encyclopédie*, 1885-1902.

d'oreilles décollées (si, si, cela existe) interviennent sur les oreilles *en* feuille de chou, la langue relâchée d'autrefois donnait tout simplement le nom de *feuille de chou* au pavillon de l'oreille. On détecte une certaine valeur négative dans ces métaphores, qui perdure dans le sens dont il est question ici : mauvais journal, journal médiocre. Autre appellation imagée : *torchon.*

En anglais, ce journal médiocre se nomme **rag**, c'est-à-dire « chiffon ». On pense tout de suite au torchon, mais distinguons aussitôt. Les implications pas très propres, voire scatologiques du verbe *torcher* en français restent présentes dans le nom *torchon*, alors que le terme anglais **rag** n'a pas le même côté douteux. D'une personne dont les vêtements tombent en haillons, on dira qu'elle est *dressed in rags.* C'est l'aspect « tissu déchiqueté » qui l'emporte en anglais. Par ailleurs, on sait que le chiffon fut pendant longtemps la principale composante du papier ; qu'il donne son nom à un journal ne surprend pas tant.

Enfin, en anglais, un chiffonnier se nomme *rag-and-bone-man* (littéralement, « homme de chiffons et d'os[1] »), même si, de nos jours et dans nos contrées, il ramasse tout autre chose.

1. Les chiffons pouvaient être revendus pour la fabrication de papier, et les os pour fabriquer de la colle.

Feuille *de vigne (ou de figuier)*

Comparons deux Bibles illustrées, l'une en anglais, l'autre en français ; observons en particulier l'image illustrant la Genèse (3:7), passage où Adam et Ève cachent leur nudité

après avoir mangé le fruit de l'arbre de la Connaissance. La Bible anglaise les montre vêtus d'une feuille de figuier (**fig leaf**), la française d'une *feuille de vigne.* Vérifions le texte.

Ma Bible française précise : « Les yeux de l'un et de l'autre s'ouvrirent, ils connurent qu'ils étaient nus, et ayant cousu des feuilles de figuier, ils s'en firent des ceintures. » Ma Bible anglaise dit sensiblement la même chose : *And the eyes of them both were opened, and they knew that they were naked ; and they sewed fig leaves together, and made themselves aprons.*

Les Français auront-ils adopté l'usage de la *feuille de vigne* parce que le pays est un grand producteur de vin ? Les spécialistes de la chose – c'est-à-dire de la feuille comparée – précisent pourtant que la feuille de vigne est bien moins couvrante que celle du figuier ; ils ajoutent, en revanche, que cette dernière gratte terriblement. Il semble que la vision francophone d'Adam et Ève valorise le confort, l'anglophone, la pudeur. Rien de nouveau sous le soleil.

☞ *Le plus simple* **appareil**

Sous les **feux de la rampe**

Que sont les *feux de la rampe*, au juste ? Dans un théâtre, c'est la rangée de luminaires disposée sur le devant de la scène, et qui éclaire les acteurs. Pourquoi *rampe*? Cela nous rappelle qu'autrefois était installée une sorte de balustrade pour empêcher les acteurs de tomber dans la fosse d'orchestre. Lorsque l'usage de cette balustrade fut abandonné, le mot *rampe* changea de sens, pour désigner ces photophores (originellement des bougies) alignés sur le devant de la scène. Dans son acception métaphorique, l'expression signifie « bien en vue » ou « qui fait la une ».

Le cadre de la locution anglaise est également le théâtre, et elle désigne également ces éclairages qui viennent du sol devant la scène ; elle a aussi la même valeur métaphorique. Mais l'anglais, lui, s'intéresse plutôt à la technologie de la chose. Petit aparté technico-historique : dans les années 1820, Thomas Drummond, ingénieur-géomètre de l'armée britannique, éprouvait quelque difficulté à effectuer ses relevés topographiques les jours de mauvais temps. Pour faciliter son travail, il mit au point un dispositif consistant à brûler de l'oxygène et de l'azote sur de la chaux ; la lumière ainsi obtenue lui permit d'éclairer les points distants à relever, et donc de les viser plus précisément. Le nom de **limelight** (littéralement, « lumière de chaux » ; en français *lumière oxhydrique*) fut

donné à sa création, et le principe repris par la suite dans les phares et les théâtres, tout d'abord en 1837 à Londres, à Covent Garden. Et voilà nos *feux de la rampe*, et nos artistes **in the limelight**. Voilà également d'où vient le titre du film de Charlie Chaplin (1952).

Conter fleurette

Que dit le grand lexicologue Furetière de cette expression, entrée dans le langage courant de son vivant (1654)? «[...] ne se dit qu'au figuré de certains petits ornements du langage, et des termes doucereux dont on se sert ordinairement pour cajoler les femmes. C'est un diseur de *fleurettes*. Il conte *fleurettes* à cette Dame, c'est-à-dire, il lui fait l'amour[1].» Attention, sommes-nous certains de savoir comment Furetière définit *faire l'amour*? Vérifions: «[...] se dit principalement de cette violente passion que la nature inspire aux jeunes gens de divers sexes pour se joindre, afin de perpétuer l'espèce. On dit qu'un jeune homme fait l'*amour* à une fille quand il la recherche

1. *Dictionnaire universel contenant généralement tous les mots français, tant vieux que modernes et tous les termes des sciences et des arts.* L'ouvrage fut publié en 1690. Furetière vécut de 1619 à 1688. L'orthographe est modernisée dans cette citation.

en mariage. On le dit aussi odieusement quand il tâche de la suborner. » Nous pourrions aller loin comme cela, examiner la définition de « suborner », et puis… non. Restons-en là avec Furetière.
Il n'y a rien de plus à dire, sauf à remarquer qu'aujourd'hui l'usage français met moins l'accent sur les paroles et davantage sur l'idée de *faire la cour.* Ajoutons que l'équivalent, en anglais, c'est « murmurer de doux riens », ou les chuchoter : **murmur/whisper sweet nothings**. Nous sommes là davantage dans les mots que dans les gestes.

Flûte *alors !*

Si vous ne mâchez pas vos mots, cette rubrique sera sans intérêt pour vous. À moins, à moins…
Quand on évite de dire un juron en remplaçant ce gros mot par une tournure dont une partie de la sonorité rappelle le terme à proscrire, on est en plein euphémisme. Ce type de simili-juron porte un nom en anglais : *minced oath*, littéralement « juron haché » (comme du bifteck haché, *minced beef*). Vous les connaissez tous en français : *flûte, mince, bon sang de bonsoir, parbleu, punaise* et compagnie.

Naturellement, les jurons en anglais sont tout différents de ceux de vos aïeux, les euphémismes aussi. Dans les deux langues, on observe deux grandes catégories : les termes tournant autour de la religion chrétienne, et ceux qui tournent autour de la sexualité. Comme il ne s'agit pas ici de faire un cours exhaustif sur les jurons en anglais, un petit tableau donnera quelques exemples :

MOT À ÉVITER	TRADUCTION	EUPHÉMISMES[1]	TRADUCTIONS
God	Dieu	*Goodness, golly*, gosh**	Bonté (divine, naturellement !)
By God	Par Dieu	*By Jove, by gosh*, by golly**	Par Jupiter
Christ	Christ	*Crickets, crumpets, cripes**	Crickets, galettes[2]
Jesus Christ	Jésus Christ	*Jiminy Cricket, Judas Priest, Gee whizz*, Jeepers Creepers**	Jiminy Cricket[3], Judas prêtre
For Christ's sake	(Au) nom de Dieu	*For crying out loud*	(Au) nom de crier très fort
Hell	Enfers	*Heck*, Sam Hill 4**	
Damn	Damner	*Darn*, dang**	
Shit	Chier	*Shoot, sugar, shucks**	Tirer une arme à feu, sucre

Naturellement, le lien entre le mot à éviter et l'euphémisme est souvent oublié, car il date d'un autre siècle. Il faut remarquer également que chaque anglophone possède sa terminologie personnelle, idiosyncratique, plus ou moins euphémistique.

☞ *Appeler un* **chat** *un chat* • *Il ne* **mâche** *pas ses mots* • *Se mettre en* **quatre**

1. Les mots marqués d'un astérisque ne possèdent pas de traduction véritable.
2. Il s'agit de petites galettes d'environ 10 centimètres de diamètre et 2 centimètres d'épaisseur.
3. Personnage de la version Walt Disney de *Pinocchio*.
4. Cette formulation simule un prénom et nom, mais ne désigne pas un être réel.

Quelle **foire** *d'empoigne !*

Pourquoi l'expression française semble-t-elle gentillette, comparée à l'anglais **rat race** (la « course des rats »)? Parce que là où « foire d'empoigne » peut s'appliquer à mille et une situations banales de la vie – obtenir des places pour un concert rock, attraper un train un jour de grève, serrer la

main de quelque vedette – la **rat race** ratisse (si l'on nous permet ce jeu de mots stupide) bien plus large : il s'agit de la *vie* comme foire d'empoigne !

L'expression voit le jour aux États-Unis à la fin des années 1930. La **rat race** est la lutte sans fin, futile, lutte pour dépasser ses rivaux, en particulier dans le monde professionnel ou des affaires. L'image qui vient à l'esprit est celle des rats de laboratoire, dont l'existence est une série sans fin d'activités frénétiques qui ne conduisent nulle part. *Time Magazine* a consacré en avril 1989 son article de une à ce phénomène ; il existe également des romans, des films, des chansons portant ce titre.

Dans une chanson rock, l'Américain David Lee Roth résumait la situation ainsi : *Just when you think you've got the rat race licked – boom ! faster rats* (« Juste au moment où tu penses que tu as remporté haut la main la **rat race** – boum ! voilà des rats qui courent encore plus vite »).

De **fond** *en comble*

C'est simple, *de fond en comble* veut dire, concrètement, « de la cave [des fondations] au grenier ». Et, au figuré, « complètement, totalement ».

Au XIIe siècle, le mot *comble* signifiait le surcroît d'une mesure ; rapidement le sens abstrait (le point maximum, le degré le plus haut) prit le dessus. Ce n'est qu'assez tardivement (XIXe siècle) qu'on nomma *comble*, ou *combles*, la partie d'un édifice qui le surmonte et se situe sous le(s) toit(s).

Il faut passer du vertical à l'horizontal, et rejoindre le monde marin, pour trouver la locution anglaise équivalente : **from stem to stern** (*grosso modo* : de l'étrave à l'étambot[1]). L'expression date du XVIIe siècle, mais ses composantes sont bien plus anciennes ; si elle sert encore dans le domaine nautique, elle possède également un sens figuré. En la retraduisant vers le français, cette locution pourrait être rendue par *de bout en bout* aussi bien que par *de fond en comble*. L'humoriste américain Stephen Colbert, connu pour son émission télévisée satirique sur la chaîne Comedy Central, a affirmé : *I don't perceive my role as a newsman at all. I'm a comedian from stem to stern* (« Je ne me considère pas du tout comme un spécialiste des informations : je suis un comique, de bout en bout »).

1. Expression que l'on apprend en écoutant « La Mauvaise Prière » de Damia ; son matelot d'amant est parti pour Tahiti à bord du *Saint Michel archange*, trois-mâts décrit comme étant « fier de l'étrave à l'étambot ».

Faire contre mauvaise **fortune** *bon cœur*

Faire contre mauvaise fortune bon cœur, c'est ne pas se laisser décourager par les difficultés (Souvenez-vous du *Cid:* «Rodrigue, as-tu du cœur?» Ici, le cœur signifie le courage). En anglais c'est, littéralement, «faire bon visage aux circonstances»: **put a good face on it**.

Les expressions françaises à base de *cœur* ne rendent pas toujours le cœur anglais (*heart*). Exemples:

FRANÇAIS	ANGLAIS	TRADUCTION
À votre bon cœur	*Can you spare some change?*	Avez-vous un peu de monnaie disponible?
Avoir le cœur au bord des lèvres	*Be about to be sick (Angleterre)*	Être sur le point d'être «malade», c'est-à-dire, de vomir
Avoir le cœur sur la main	*Be open-handed*	Avoir la main ouverte
Avoir un coup de cœur	*Fall in love with*	Tomber amoureux
Dire ce qu'on a sur le cœur	*Get something off your chest*	S'arracher quelque chose de la poitrine
Être joli comme un cœur	*Be as pretty as a picture*	Être joli comme une image[1]
Loin des yeux, loin du cœur.	*Out of sight, out of mind.*	Hors de la vue, hors de l'esprit.
S'en donner à cœur joie	*Have a whale of a time, have a field day*	Passer un temps de baleine[2], passer une journée aux champs[3]
Tant que mon cœur battra	*Until my dying day*	Jusqu'au jour de ma mort

1. Pas tout à fait la même chose que «sage comme une image».
2. Encore une fois, pas identique à «rire comme une baleine».
3. Le champ dont il est question ici est, à l'origine, le champ de manœuvres militaires.

Faire un **four**

« Le drame sifflé, le débutant mal accueilli, la chanteuse enrouée, le tragédien amusant et le comique, plaisanterie à part, comme dirait Rivarol, tout cela, sur la scène, se caractérise par le mot *faire four*[1]. » L'expression existe en français depuis plus de trois siècles. Lorsqu'ils voyaient que la recette était insuffisante pour couvrir les frais – et donc pour payer leurs prestations –, les comédiens refusaient de jouer et renvoyaient les spectateurs. Les éclairages de la salle du théâtre étaient aussitôt éteints, et elle devenait... noire comme un four. Aujourd'hui, l'expression s'applique à toutes sortes d'entreprises qui ne réussissent pas.

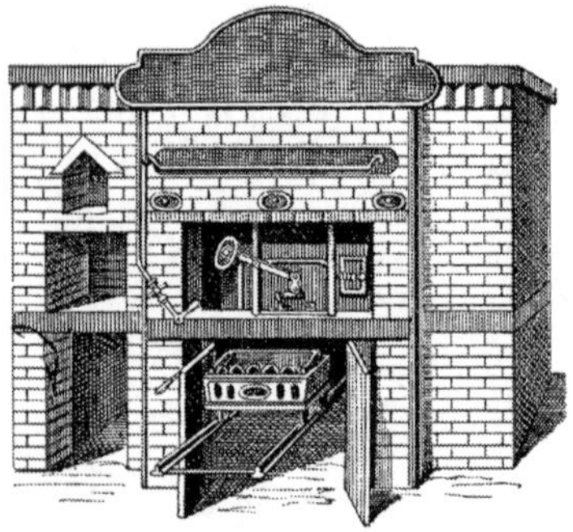

Pour désigner un *bide*, l'anglais moderne peut utiliser **flop** (une onomatopée[2]), ou bien **it went over like a lead balloon**[3] (littéralement, « cela a marché comme un ballon de baudruche en plomb »). Les aficionados de la musique « heavy metal » de Led Zeppelin le savent : ce serait parce que quelqu'un a dit que ce nouveau groupe, qui était en train de se former à la fin des années 1960, serait un flop

1. Charles Rozan, *Petites Ignorances de la conversation*, 1856.
2. Un exemple de ce qu'évoque ce mot en anglais : une personne plonge dans l'eau, mais rate son plongeon et fait un « plat », *belly flop* (*belly* = « ventre », « estomac »). À la fois le bruit et le geste balourd participent de l'idée.
3. En anglais britannique, plutôt *it went down like a lead balloon*. L'expression date des années 1960.

complet qu'il a choisi le nom Led Zeppelin[1]. Et ces mêmes aficionados savent que « Led Zep » a tout fait sauf un four.

Des **fourmis** *dans les jambes*

Cette sensation de fourmillement se nomme en anglais **pins and needles** (« épingles et aiguilles »). Pas besoin d'aller chez l'acupuncteur pour comprendre la similitude des picotements dans les deux cas.

Si vous êtes anglophone, il peut vous arriver d'avoir des fourmis (*ants*), non pas dans un membre, mais dans votre culotte ! Explication : si vous avez la bougeotte, si vous n'arrivez pas à tenir en place, on vous demandera : *have you got ants in your pants?* L'expression remonte à la Seconde Guerre mondiale. C'est le genre de question qu'un adulte posera à un enfant remuant. Entre adultes – et familièrement –, on utilisera plutôt le terme *antsy*, par exemple, **I'm feeling antsy** (« j'ai envie de m'en aller, de bouger, de passer à autre chose »).

Quant à *travailler comme une fourmi*, l'anglais fait référence à un autre animal dont la diligence au travail est universellement reconnue : *as busy as a bee*, « aussi actif qu'une abeille ».

1. Le choix de *led* (mot sans signification) à la place de *lead* (au sens de « plomb ») avait comme avantage d'assurer une prononciation juste, sans confusion avec l'homographe *lead* qui aurait donné l'impression qu'il s'agissait du zeppelin « principal », et non pas d'un zeppelin de plomb.

G

C'est du **gâteau**

Eh oui, c'est fastoche, *c'est du gâteau, c'est passé comme une lettre à la poste*! On n'imagine pas tout de suite le lien alimentaire entre les deux expressions, mais Brillat-Savarin, si: l'analogie entre la boîte postale, avaleuse de lettres, et la bouche d'aliments ne lui a pas échappé. «Ainsi, affirme-t-il, on peut regarder comme certain que la truffe est un aliment aussi sain qu'agréable, et qui, pris avec modération, passe comme une lettre à la poste[1].» C'est un des premiers emplois figurés de l'expression.

1. *Physiologie du goût*, 1825. Le gastronome poursuit: «Ce n'est pas qu'on ne puisse être indisposé à la suite d'un grand repas où, entre autres choses, on aurait mangé des truffes; mais ces accidents n'arrivent qu'à ceux qui s'étant déjà, au premier service, bourrés comme des canons, se crèvent encore au second, pour ne pas laisser passer intactes les bonnes choses qui leur sont offertes.»

L'anglais ne manque pas d'équivalents, à commencer par **it's a piece of cake**[1] (c'est une « part » de gâteau), largement usité en Amérique du Nord et **it's a doddle,** (*doddle* ne signifiant rien en particulier), plutôt britannique ; les deux expressions datent du milieu du XXe siècle. Reste **it's a walk in the park** (« c'est une promenade au parc ») et **it's a breeze** (« c'est un vent léger »)[2].

Par antithèse, l'anglais propose **it was no picnic** (littéralement, « ce n'était pas un pique-nique »), qui vaut bien le *ce n'était pas de la tarte* ou *ce n'était pas une partie de plaisir* français.

Gauche *caviar*

L'expression française date des années 1980 et, comme « bobo » (*bo*urgeois-*bo*hème), désigne ceux dont on dit qu'ils ont le cœur à gauche mais le portefeuille à droite.

Comme l'expression française, la formule en langue anglaise est fondée sur un oxymore, et souligne l'hypocrisie attribuée à celui que l'on qualifie ainsi. Soulignons en passant le fait qu'en anglais les termes *socialist* et *liberal* peuvent être considérés

1. On fera le lien avec l'équivalent de *C'est simple comme bonjour*: **It's as easy as pie** (littéralement, « c'est aussi facile que de la tarte »).

2. Les amateurs de base-ball seront fiers d'apprendre que la première référence à cette expression dans l'*Oxford English Dictionary* est une citation de leur héros, Babe Ruth.

comme équivalents à « de gauche » (le lecteur consultera utilement un ouvrage de science politique comparée).
Un petit panorama de la *gauche caviar* du monde anglophone : on peut être **champagne socialist** (Royaume-Uni, États-Unis), **Chardonnay socialist** (Australie et Nouvelle-Zélande), **smoked salmon socialist** (Irlande ; saumon fumé), **limousine liberal** ou **latte liberal** (États-Unis ; cette dernière expression fait allusion à ceux qui passent leur temps dans des cafés branchés à consommer des *caffè latte* (mais aussi d'autres breuvages à la mode tels que le *caffe misto*, le *cinnamon dolce latte*, le *frappuccino*, ou le *macchiato*).
Inutile de préciser que ces appellations anglaises de la *gauche caviar* sont toutes désobligeantes.

Jeter sa **gourme**

Si vous jouiez au jeu du dictionnaire, et deviez définir le mot *gourme*, que diriez-vous ? Hmm-m-mm... Une peau inutile ? une sorte de fausse modestie ? une longue chaîne ? Eh bien, non. Voici la définition de Littré : « Terme de vétérinaire. Maladie particulière au cheval, et surtout aux jeunes chevaux, qui consiste dans l'inflammation de la muqueuse des premières voies respiratoires, avec engorgement des ganglions sous-maxillaires et tuméfaction phlegmoneuse du tissu cellulaire environnant. » Effectivement, si on avait ça, on voudrait s'en débarrasser au plus vite ! Un peu plus loin, Littré

en donne le sens figuré bien connu : « Jeter sa gourme se dit des jeunes gens qui font des folies en entrant dans le monde. » On n'approfondira pas ici la théorie selon laquelle l'activité sexuelle est le meilleur remède à l'acné juvénile[1]. L'expression anglaise ne sort pas du monde agricole, mais relève plutôt de la culture céréalière : **sow your wild oats** (« semer son avoine sauvage », 1576). L'allusion est au fait de semer sans discrimination ce qui est considéré comme une mauvaise herbe. Le parallèle sexuel est évident : avoir une vie sexuelle débordante avant de se marier. Cela est rappelé par une expression de facture récente en Angleterre, *get your oats* (obtenir son avoine) : obtenir une satisfaction sexuelle. Est-il nécessaire de vous dire qu'il s'agit ici d'une formule utilisée traditionnellement par les hommes pour les hommes[2] ?

Le **gratin** *et la haute*

Pourquoi le plat nommé *gratin* se nomme-t-il ainsi ? Parce qu'autrefois on en grattait le fond attaché au plat, un peu

---

1. Pour les littéraires, cette citation de D. H. Lawrence (*Amants et fils*, 1913) : « *Perhaps it was essential to him, as to some men, to sow wild oats ; and afterwards, when he was satisfied, he would not rage with restlessness any more, but could settle down and give her his life in his hands* » (« Peut-être était-ce essentiel pour lui, comme pour certains hommes, de jeter sa gourme ; plus tard, rassasié, il ne tempêterait plus d'impatience, pourrait se calmer et donner [à Miriam] sa vie tout entière »). Les spécialistes ès lettres classiques seront rassurés d'apprendre que l'expression remonte à Plaute (IIIe siècle avant notre ère). Vous êtes botaniste ? Il s'agit d'*avena fatua*.
2. Un ami qui a fait Saumur et qui connaît, pour les avoir rencontrés, des chevaux atteints de gourme m'apprend que cette maladie se manifeste par des projections d'une sorte de morve ; en somme le cheval postillonne ! Il ajoute : « Les projections de cet espèce de morve ressemblent à s'y méprendre à du sperme. »

cramé. Au XIXe siècle, le mot *gratin* puis le verbe *gratiner* en vinrent à désigner la partie supérieure du mets cuit au four, toute dorée. Et depuis la fin du XIXe siècle, en langage familier, il désigne l'élite, les notables.

L'anglais utilise également une métaphore culinaire pour désigner les membres de la « haute », mais il s'agit ici du pain : **the upper crust**[1] (littéralement, « la croûte supérieure »). Il semble que, dès le XVe siècle, l'étiquette, en Angleterre, voulait que le pain se coupe en larges tranches horizontales : selon un livre de cuisine datant de 1460, il fallait « couper la tranche supérieure du pain pour son souverain ». Appliquée à la vie quotidienne, cette règle faisait réserver la tranche supérieure au personnage de plus haut rang parmi les convives et la partie inférieure aux domestiques. Cette explication fait le bonheur de certains spécialistes et en fait bisquer d'autres !

Un véritable **guêpier**

Ne pas confondre le *guêpier*[2] et le *panier de crabes*. Le premier est un endroit dangereux, une situation délicate ou complexe dont on arrive difficilement à sortir sans dommages. Le second aussi, pourrait-on faire valoir. Mais le

1. Autre métaphore culinaire : dans un grand dictionnaire anglais (*Brewer's Dictionary of Phrase and Fable*, 1997), *upper crust* est défini, mot pour mot, comme « l'aristocratie, la crème de la société ».
2. Le nid, et non pas l'oiseau, naturellement.

panier de crabes a comme particularité essentielle le fait que ses occupants ne cessent de se grimper dessus, intriguant méchamment les uns contre les autres. Pour le français, cela semble assez clair.

En anglais, **a hornet's nest** («un nid de frelons») c'est un ennemi (nombreux) qui attaque avec virulence et insistance ; l'accent est mis sur l'intensité de l'assaut plutôt que sur la complexité de la situation. Quant au **snake-pit** («fosse aux serpents»), il est un lieu sans merci, où s'expriment les comportements les plus vicieux. On notera qu'il est arrivé aux journaux britanniques de qualifier le 10 Downing Street de «fosse aux serpents[1] ». Ajoutons pour compléter l'image du **snake-pit** que ce nom est aussi utilisé familièrement pour désigner un asile de fous.

De ce panorama, retenons que le *panier de crabes* français équivaut approximativement au **snake-pit** anglais.

Se jeter dans la **gueule** *du loup*

Voici une expression qui existe depuis le XVe siècle. En ces temps reculés, dans les profondes forêts d'alors, on pouvait craindre les dents du loup. *Se jeter dans la gueule du loup*, c'est prendre des risques inconsidérés, s'exposer imprudemment au danger. Si le loup est très présent dans les

1. Et d'ajouter, sournoisement, qu'indépendamment du Premier ministre du moment le 10 Downing Street est toujours une fosse aux serpents : seuls les serpents changent...

contes traditionnels du monde anglo-saxon, et si c'est bien de lui que les anglophones ont peur lorsqu'ils vont porter un panier de victuailles chez leur grand-mère, il n'anime pourtant pas l'expression équivalente en anglais.
En anglais, il s'agit là d'un lion ; et, au lieu de se jeter dans sa gueule, l'anglophone n'y met, sagement, que sa tête ! **Put your head in the lion's mouth**. Comment se fait-il qu'un pays où ce fauve ne se rencontre que dans les zoos puisse fabriquer une telle expression ? Et encore : comment l'Angleterre a-t-elle pu le prendre pour emblème ? Ils ne sont pas à une excentricité près, les Anglais : la partenaire du lion sur les armoiries du Royaume-Uni, c'est la licorne, dont on ne sache pas qu'elle fréquente davantage les îles Britanniques. En tous les cas, lorsque le lion devient l'emblème de l'Angleterre, il semble que ce soient ses qualités supposées de force, de courage et de royale dignité qui l'aient fait choisir ; aucun animal indigène ne faisait le poids.
La réponse à la première question se trouve dans la Bible. Effectivement, on lit dans le Psaume XX, 21 : « Sauve-moi de

la gueule du lion» et, dans la 2e Épitre de Paul à Timothée (IV, 17) : «Et j'ai été délivré de la gueule du lion.»
Il n'y a que quelques pas à franchir entre *panem et circenses* («du pain et des jeux du cirque»), la *gueule du lion*, et le cirque de M. Barnum, avec ses dompteurs de fauves !

H

Il tombe des **hallebardes**

Laissons à Victor Hugo le soin d'expliquer cette expression, qui remonterait au verbe *lansquiner*[1] : « [...] *il lansquine*, il pleut, vieille figure frappante, qui porte en quelque sorte sa date avec elle, qui assimile les longues lignes obliques de la pluie aux piques épaisses et penchées des lansquenets, et qui fait tenir dans un seul mot la métonymie populaire :

1. De *lansquenet*, nom donné aux mercenaires allemands au service de la France entre le XVe et le XVIIe siècle.

il pleut des hallebardes[1]. » Évidemment, les trois panneaux d'Uccello, ceux de *La Bataille de San Romano*, viennent à l'esprit ; ils précèdent de plusieurs siècles cette expression imagée. Voilà qui rehausse le classique *il pleut des cordes* ! En remplaçant l'arme par un outil agricole, on arrive aisément à la formule américaine, **it's raining pitchforks** (« il pleut des fourches »). Et quant à l'inénarrable **it's raining cats and dogs**, tournons-nous cette fois vers Jonathan Swift, l'auteur des *Voyages de Gulliver.* En 1710, Swift publie dans le magazine anglais *The Tatler* un poème intitulé *« A Description of a City Shower »* (« Description d'une averse en ville »), à propos de la ville de Londres. Ce poème décrit l'état de saleté de Londres, et consacre quelques lignes à ce qui flotte dans les rues après un gros orage :

Voici que de toute part affluent les ruisseaux
Charriant leurs trophées :
Des ordures de toutes couleurs et senteurs qui semblent signaler
Leur rue d'origine, par leur odeur et leur aspect [...].
Déchets de boucherie, excréments, boyaux, sang,
Chiots noyés, sprats puants, tous embourbés,
Chats morts et fanes de navets roulent dans le ruisseau en crue[2].

Dans un texte publié en 1738 (*A Complete Collection of Polite and Ingenious Conversation*), Swift traduit en prose l'idée contenue dans les dernières lignes du poème : *he was sure it would rain cats and dogs* (« il était persuadé qu'il pleuvrait des hallebardes »).

1. Victor Hugo, *Les Misérables*, 1862.
2. Cité par Constance Classen, « La Ville désodorisée : le combat du XIXe siècle contre la puanteur », in *Sensations urbaines : une approche différente à l'urbanisme*, Springer, 2005.

Réussir **haut** *la main*

C'est à la *main de justice* que remonte l'expression présente, ce sceptre terminé par une main d'ivoire, que le roi portait lors de grandes cérémonies. Elle symbolisait la justice mais aussi le pouvoir royal. À l'origine, agir *haut la main*, c'était agir autoritairement ; aujourd'hui la locution est souvent associée au verbe *réussir*, et elle signifie « facilement, sans difficulté ». Le français souligne la facilité du processus, sans se préoccuper outre mesure de la difficulté du défi qui a été relevé.

En anglais, la tournure la plus proche met l'accent sur le succès, le triomphe ; la difficulté de l'entreprise est sous-entendue. Il s'agit d'une locution d'origine militaire : **with flying colours** (littéralement, « couleurs au vent », c'est-à-dire bannière[s] déployée[s]). S'agissant de l'infanterie, au temps des guerres au corps-à-corps, la bannière – souvent aux mêmes couleurs que les uniformes – avait, comme eux, la fonction d'aider les combattants à retrouver les leurs dans la mêlée. Elle possédait une forte fonction symbolique ; on ne voulait surtout pas que l'ennemi s'en empare, signe de défaite, de disgrâce. Un navire qui rentrait couleurs au vent rentrait victorieux.

Le mot *colours* figure dans plusieurs expressions anglaises issues de cette métaphore : **join the colours** (c'est-à-dire s'engager dans l'armée) ou **show your true colours** (se montrer sous son vrai jour).

*Couper l'***herbe** *sous le pied*

Si cette expression et son équivalent en anglais se définissent toutes deux comme « frustrer quelqu'un d'un avantage escompté en le devançant ou en le supplantant », leurs origines diffèrent en tout. L'herbe, dans *couper l'herbe sous le pied,* désignait à l'origine les moyens de subsistance ; au XVIIe siècle, *l'herbe lui manque sous les pieds* voulait dire « il lui manque le nécessaire pour vivre ».
Quittons les champs pour nous rendre sur une scène londonienne au début du XVIIIe siècle. Le dramaturge John Dennis crée pour l'une de ses pièces un dispositif particulier qui imite le son du tonnerre ; mais la pièce *fait un* ***four*** (voir p. 138), et on cesse les représentations. Quelque temps après, une production de *Macbeth* dans ce même théâtre utilise le dispositif de Dennis pour produire le bruit du tonnerre ; lors de la première, Dennis est présent dans la salle. En entendant « son » tonnerre, il se lève et s'écrie (traduction très libre) : « On vire ma pièce et puis on me

pique mon tonnerre!» D'où l'expression moderne: **steal someone's thunder**.
Autre variante sur le même thème: **pull the rug out from under someone's feet** (littéralement, «tirer le tapis de dessous les pieds de quelqu'un»).

*C'est l'***hôpital** *qui se moque de la charité*

Dans cette expression, «charité» est à prendre non pas comme un terme s'appliquant à une qualité humaine, mais comme le nom d'un établissement hospitalier. Alain Rey et Sophie Chantreau signalent l'origine lyonnaise de la locution; effectivement, entre l'Hôtel-Dieu et l'hôpital de la Charité qui existaient à Lyon au XVIIIe siècle, il existait une certaine rivalité caritative. Il est possible que l'expression soit liée à cette situation.
L'hôpital qui se moque de la charité n'est pas si différent, quant au message véhiculé, de l'expression d'origine biblique *voir la paille dans l'œil de son prochain et ne pas voir la poutre dans le sien*. L'anglais possède également sa version de cette locution (Matthieu, 7:3 et Luc, 6:41); le raccourci, équivalent à *la paille et la poutre*, c'est en anglais **the mote and the beam** (littéralement, «la poussière et la poutre»). Cette formule, érudite, est plutôt rare en anglais, et son lien avec la Bible est encore ressenti.

En revanche, l'anglais possède une locution bien plus fruste et autrement plus commune: **it's the pot calling the kettle black** («c'est la marmite qui dit à la bouilloire qu'elle est noire »). Cette expression remonte à une traduction de *Don Quichotte* par Shelton en 1622 ; dans les versions françaises de l'ouvrage, la traduction fait plutôt référence à *la paille et la poutre*. Vous vous souvenez de ce passage ? Sancho Pança et Don Quichotte sont sur le chemin de retour ; ils discutent de leurs futurs projets. Comme d'habitude, Sancho répond aux phrases de Don Quichotte par des proverbes et des formules toutes faites. À un moment, Don Quichotte reproche à son écuyer de ne parler que par dictons ; mais ce faisant, il en emploie deux. Bref, Sancho riposte par une réplique (*« Dijo la sartén a la caldera : quítate allá, ojinegra »)* dont la traduction par Shelton est devenue proverbiale en anglais.

J

Prendre ses **jambes** *à son cou*

Prendre ses jambes à son cou, c'est détaler ou décamper sans attendre[1] ; l'expression française existe avec cette acception depuis la fin du XVIIe siècle (auparavant, elle signifiait se résoudre à partir en voyage).

Parmi les nombreuses options disponibles à l'anglophone, prenons-en trois. Tout d'abord, **take to your heels** (autrefois *take yourself to your heels, take your heels*, littéralement, « s'en remettre à ses talons », « avoir recours à ses talons »). En anglais, l'expression date du XVIe siècle. Plus familières – et plus américaines –, deux autres locutions : **make tracks** (« faire des traces », sous-entendu des traces d'empreintes de pied, plus tard des empreintes de pneus de

1. Originellement, *détaler*, c'était quitter l'étal, et *décamper*, lever le camp.

voiture ; on pense au verbe français actuel *tracer*, dans son sens populaire de « foncer »), et **high-tail it** (traduction littéraire : « la faire queue haute »). Cette dernière formule vient du monde des chasseurs : certains animaux, au moment où ils perçoivent un danger, lèvent la queue presqu'à la verticale avant de fuir ; comportement typique du cerf de Virginie (en anglais *white-tailed deer*).

☞ *À* **bride** *abattue*

Un coup de **Jarnac**

Que s'est-il passé le 10 juillet 1547 ? Le *coup de Jarnac*, bien entendu. Les protagonistes : Guy de Chabot-Jarnac, courtisan à la cour de François Ier, et François de Vivonne de La Châtaigneraie, l'un des meilleurs bretteurs dans l'entourage d'Henri II. Retour sur l'affaire.

En l'absence de Jarnac, le dauphin (futur Henri II) fait courir sur lui une rumeur calomnieuse. Sans préciser qui est à l'origine de l'insulte, on rapporte à Jarnac que son nom a été sali. Jarnac dit à qui veut l'entendre que celui qui l'a offensé est un calomniateur et un lâche. Encouragé dans ce sens par le dauphin, La Châtaigneraie affirme que c'est lui-même qui a insulté Jarnac, et provoque ce dernier en duel. François Ier interdit le duel. Puis meurt.

L'ex-dauphin, une fois monté sur le trône et devenu

Henri II, ordonne à Jarnac de relever le gant qui lui avait été jeté. Tous pensent que Jarnac refusera, préférant s'humilier pour sauver ses jours, car La Châtaigneraie est un bretteur redoutable. Jarnac s'apprête à mourir en effectuant de grandes dévotions ; il se prépare quand même aussi à survivre en prenant les leçons d'un maître d'escrime italien, renommé pour ses bottes secrètes.

Le jour fatidique, la foule s'amasse pour assister au duel ; parmi elle, le roi, Catherine de Médicis et toute la cour. La Châtaigneraie arrive dans un appareil princier, escorté de trois cents gentilshommes portant ses couleurs. Avant de passer à l'action, il fait le tour des lieux, invitant les plus grands seigneurs et les princes du sang au somptueux dîner prévu pour le soir même (et financé par le roi).

Jarnac se rend compte qu'avec comme opposant un favori du roi la victoire sera tout aussi douloureuse que la défaite. N'ayant donc rien à perdre, et par une feinte d'une hardiesse extrême avec un adversaire si réputé, il se découvre entièrement au cours du combat mais en profite pour couper le jarret de La Châtaigneraie du tranchant de son épée. La Châtaigneraie tombe et meurt le soir même.

Les anglophones ne connaissent pas Jarnac, ni l'homme, ni le lieu ; un coup d'épée mortel au jarret n'évoque rien pour eux. En anglais, une attaque sournoise et inattendue se nomme un coup de couteau dans le dos : **stab in the back**.

Quel faux **jeton** *!*

Vous vous rappelez la scène d'ouverture du *Malade imaginaire* de Molière : Argan est assis dans son fauteuil, devant une table, et il vérifie le compte de son apothicaire. Sur cette table, des jetons, dont il se sert pour faire ses comptes.

De nombreuses pièces de Shakespeare comportent également la mention de jetons (en anglais *counters*) comme moyen de calcul. Cette méthode, qui fonctionne un peu comme un boulier imaginaire, fut employée avant l'introduction des chiffres arabes en Occident, et bien au-delà de cette époque. C'est seulement au XVIIe siècle que le mot *jeton* a pris son sens actuel au jeu.

Par sa nature même, un jeton est faux, d'où la comparaison *faux comme un jeton* (1808), ce qui fait de notre actuel *faux jeton* un pléonasme autant qu'un hypocrite. Moins élégant, *faux cul*, dont la signification ancienne est aujourd'hui oubliée (il s'agissait du rembourrage porté par une femme sous sa robe, en bas du dos, très à la mode à la Belle Époque), et dont *faux derche* est simplement la traduction argotique…

En anglais, l'hypocrisie est imagée de façon plus directe. La locution la plus courante – et ce depuis le XVIIe siècle – est **two-faced** (littéralement, « qui a deux visages »). On se souvient de cette anecdote à propos d'Abraham Lincoln, qui avait la réputation d'être fort laid ; accusé d'être hypocrite (**two-faced**), il répondit : *If I had another face, do you think I'd wear this one?* (littéralement, « si j'avais un autre visage, pensez-vous que je porterais celui-ci ? »).

Jetons, *trouille, frousse et chocottes*

Le prolifique étymologiste Pierre Guiraud fait remonter le mot *trouille* au verbe *trouiller*[1], « lâcher un pet avec des excréments ». À propos de *frousse*, il évoque une peur qui se manifeste par la colique ; quant à l'expression *avoir les jetons*, elle aurait partie liée avec l'ancien verbe *jeter* (déféquer). Seul le mot *chocottes* semble échapper aux W-C.

La trouille peut être source de déboires pour l'anglophone également : elle lui enlève son pantalon (**it scares the pants off him**) ; elle peut, métaphoriquement, causer sa mort (**he is scared to death**) ou plus simplement lui en conférer la rigidité cadavérique (**he was scared stiff**[2]).

Si l'on est moins traumatisé, et davantage anxieux, deux drôles de tournures anglaises décrivent la situation : on est atteint des **heebie-jeebies**, ou bien des **collywobbles** (les deux termes sont des inventions fantaisistes). La première expression, une de ces réduplications rimées dont l'anglais est friand[3],

1. Que l'on connaît aussi sous l'appellation « pet foireux ».

2. Depuis plusieurs siècles, le mot *stiff* (adjectif et nom) désigne un mort en anglais, allusion à la *rigor mortis.*

3. Et, pour une raison que personne ne s'explique, le premier terme d'une énorme proportion de ces paires commence par la lettre *H* : *harum-scarum, hanky-panky, helter-skelter, higgledy-piggledy, hodge-podge, hoity-toity.* (Équivalents français approximatifs respectivement : « tête de linotte », « galipettes » ou « entourloupes », « désordonné », « pêle-mêle », « prétentieux ».)

est plutôt américaine et date du début du XXe siècle. Quant à la seconde, plutôt britannique et plus ancienne, il s'agirait d'une sorte de colique tremblante. Et vous voilà reparti aux W-C.

Ce n'est pas du **jeu** *!*

Dire *ce n'est pas de/du jeu* ou *ce n'est pas franc jeu*, c'est affirmer qu'il y a quelque chose d'irrégulier, de contraire aux conventions. En anglais, on dira soit **it isn't fair**[1], soit, particulièrement en Grande-Bretagne, **it isn't cricket** («ce n'est pas du cricket»). Cette dernière expression, que l'on doit à ce sport incompréhensible si l'on n'est pas anglais – ou originaire de quelque ancienne colonie de la Couronne –, servait dans le cadre même du jeu : il fallait respecter les règles. Aujourd'hui, on l'emploie pour toute sorte de non-respect des règles, même dans des contextes qui n'en possèdent pas véritablement. Laissons aux Anglais le cricket et ses spectateurs – parmi eux ces vieux messieurs à la peau rose qui portent en guise de couvre-chef un mouchoir noué aux quatre coins – et tournons-nous vers d'autres jeux.

Le *jeu de société* se nomme en anglais selon ses composantes : s'il comporte un plateau, comme le Scrabble® ou

1. Et non pas «fair-play» comme l'on entend en France ! Le *ce n'est pas fair-play* français donnerait en anglais, approximativement, *it is not very sporting (of you, of him, of them*, etc.). Ou bien *you're not playing fair.*

Trivial Pursuit®, c'est un **board game** (littéralement, « jeu à planche »). Si, en revanche, c'est un jeu de mime, de devinette, ou le jeu du dictionnaire, on parlera en Amérique du Nord de **party game** (jeu de fête, de festivités), et au Royaume-Uni de **parlour game** (jeu de salon). Les jeux de cartes n'entrent pas dans ces catégories.
Dernier jeu, qui se joue partout, le *jeu de la ficelle*, nommé en anglais **cat's cradle**. De prime abord, on a l'impression que cela signifie « berceau du chat », mais les spécialistes disent que non et nous laissent sur notre faim, sans explication. Ce n'est pas du jeu !

☞ *À* **cheval** *sur le règlement*

Il s'est cogné le petit **juif**

Nous le savons tous, l'élément anatomique en question se nomme plus justement le *nerf ulnaire* ; ce nerf court tout le long du bras, juste derrière l'humérus, et c'est un coup donné au coude qui le met en émoi, si l'on peut dire. Il semble que l'appellation *petit juif* remonte aux commerçants juifs qui, lorsqu'ils mesuraient de grandes longueurs de corde, de ruban, de tissu, etc., l'enroulaient boucle après boucle autour de l'avant-bras, de la main à l'arrière du coude (cette unité de longueur se nommait *aune*, et mesurait environ 1,20 m). Dans l'incessant mouvement de balancier ainsi esquissé, il arrivait que le commerçant cogne son coude contre le comptoir. Aïe !

D'aucuns affirment que l'expression anglaise équivalente **funny bone** est un jeu de mots sur la prononciation (identique en anglais) des mots *humerus* et *humourous.* En anglais, le mot *funny* désigne, outre ce qui est drôle, ce qui est étrange, curieux[1]. De là à décrire la sensation procurée quand on se cogne le coude…

Justaucorps

« Vêtement de dessus, fort à la mode autrefois, qui se boutonnait par-devant jusqu'à la ceinture, et descendait jusqu'aux genoux ; il avait des manches et des poches[2]. » Le nom – et la chose – fait son entrée en français au début du XVIIe siècle ; il s'agit de l'ancêtre du pourpoint, vêtement quasi militaire, à longues basques, possédant des manches garnies de boutons. La coupe et les parements varient d'abord selon les modes, et puis, sous Louis XVI, le nom de ce vêtement se mue en *habit.* Par analogie, le mot désignera ensuite tout vêtement qui épouse la forme du corps. C'est seulement au milieu du XXe siècle que les dictionnaires lui donneront comme définition « maillot de danse ou de gymnastique ».

1. Si je dis *that was funny*, un anglophone cherchera la distinction entre les deux acceptions du mot en me demandant : *funny strange, or funny ha ha ?* (drôle bizarre ou drôle qui fait rire ?).
2. Maurice La Châtre, *Nouveau Dictionnaire universel*, 1898-1907.

Dynamique pas si différente pour l'anglais, s'agissant des premiers siècles du vêtement de ville (nommé *doublet*) ; mais quand vraiment plus personne ne s'habille comme Shakespeare, on ne pense pas recycler le vieux terme pour désigner le maillot de gymnastique. Le français sera néanmoins source d'inspiration, puisque le trapéziste français Jules Léotard donnera son nom anglais au maillot élastique qu'il a mis au point : **leotard**[1]. Le souvenir de cet acrobate (1842-1870) reste vif en anglais, à cause d'une chanson toute de drame et d'amour écrite à son propos en 1860, « The Daring Young Man on the Flying Trapeze », reprise dernièrement par Bruce Springsteen.

1. Ou *leotards*, puisque les vêtements habillant le bas du corps se conçoivent par paires en anglais : *jeans, pyjamas, swimming trunks* (maillot de bain masculin), *pants, trousers* (pantalon), *knickers, drawers, panties* (slips de divers genres), *tights* (collant). De même qu'en français on a longtemps dit « des pantalons », « des collants ».

L

Poser un **lapin**

Poser un lapin remonterait à une expression désuète, *voyager en lapin.* Dans le langage des cochers du XIXe siècle, un lapin, c'était un voyageur ou bien des marchandises transportées en fraude. Vers la fin du XIXe, argotiquement, *poser un lapin* signifiait ne pas rétribuer les faveurs de ce qu'on nommait alors une « fille ». Le point commun des deux expressions est le non-respect d'un engagement, et il faut croire qu'il a déterminé le sens de l'expression telle qu'on la connaît aujourd'hui : ne pas aller à un rendez-vous. En anglais, l'expression n'est pas émoustillante, non, pas du tout ; mais il est à noter qu'elle sert tout particulièrement pour les rencontres galantes : **stand someone up**. Oui, comme « se mettre debout » ; l'idée motrice serait le fait que la personne délaissée fait le pied de grue (☞ *Faire le* **poireau**).

Voici une définition de ce verbe prise dans l'*Oxford Dictionary of American English*: «*fail to keep an appointment with a boyfriend or girlfriend*» («ne pas honorer un rendez-vous avec un petit ami ou une petite amie»).
Comparé au français, l'anglais possède très peu d'expressions à base de lapins. L'une des rares est le verbe **rabbit** ou **rabbit on** (littéralement, «faire le lapin»). Sa définition peut vous surprendre si vous n'envisagez pas le lapin comme un animal particulièrement loquace; en effet, cela veut dire «parler sans cesse».
Mais le lapin d'outre-Manche possède des caractéristiques absentes chez le lapin français. À Pâques, pendant que les lapins français gambadent dans les vertes prairies, leurs homologues anglo-américains s'épuisent, tel le père Noël, à livrer les œufs en chocolat à tous les enfants. Autant un anglophone peut imaginer un lapin distribuant des œufs de Pâques, autant l'idée que des cloches puissent accomplir cette tâche lui paraît inconcevable.

Une grosse **légume**

La *grosse légume* française fricote avec les *huiles* et les *gros bonnets*. Si elle traverse la Manche, elle fréquente plutôt les **bigwigs** («grosses perruques»); outre-Atlantique, les **big shots** («gros plombs», «grosses détonations»), les **big wheels** («grosses roues») et autres **big cheeses** («gros fromages»).
Les grosses perruques remontent à Louis XIV[1], et à la façon dont toutes les cours royales européennes l'ont imité; au demeurant, lorsqu'ils sont au tribunal, les juges et avocats anglais portent encore ce signe de reconnaissance sociale.

1. La mode des perruques royales serait née de la calvitie précoce (due à une maladie) de Louis XIV.

Derrière les grands coups de feu résiderait une allusion aux canons de 90 mm utilisés par les forces de Garibaldi : aux États-Unis, les adeptes du patriote italien auraient donné le nom de **big shot** aux projectiles de ce canon. **Big wheel** serait peut-être une allusion aux grosses roues des usines à textile du milieu du XIXe siècle américain. Quant à la dernière expression, elle semble être l'adaptation d'une formule que les Britanniques ont ramenée de la colonisation en Inde, le mot *chiz*, (ourdou, ou persan, on ne sait) désignant ce qui est le plus juste, le meilleur. Par homophonie approximative, ce mot devint rapidement *cheese*. De là au **big cheese**, on se croirait au McDo !

Lettre *de château*

Les livres d'étiquette anglais, et surtout américains, conseillent l'usage de la *lettre de château*, **bread and butter letter** (« lettre pain-beurre »). Dans *The Art of Visiting* (1892), on lit : « En dehors de sa chambre, il y a peu que le visiteur puisse faire pour la maîtresse de maison, hormis arranger un bouquet de fleurs, lui envoyer une lettre de château après le séjour, et un cadeau à Noël en proportion de la durée du séjour[1]. » Les dictionnaires d'étiquette

1. *Outside of one's own room there is seldom more for a visitor to do than to arrange the flowers for the hostess, to send her a "bread and butter" letter when one has left her house, and a present on Christmas proportionate to the length of the visit.*

modernes possèdent souvent une entrée intitulée *bread and butter letter* où sont explicitées les règles concernant ce courrier, aujourd'hui parfois nommé *bread and butter e-mail.*

Autre type de lettre, la *lettre morte.* L'anglais offre un calque direct de cette formule, s'agissant d'un texte de loi qui n'a plus effet : **dead letter**. Mais, en anglais, ce terme désigne également une autre lettre, bien triste, celle-ci : n'ayant pas trouvé son destinataire, elle est allée au rebut. On nomme **dead letter office** le *bureau des rebuts.*

Un **lit** *en portefeuille*

Dans un *lit en portefeuille,* un des draps est replié sur lui-même de telle manière qu'on ne puisse y pénétrer : blague de potache.

En anglais, ce lit inconfortable possède deux noms. Le premier, **French bed**[1] (littéralement, « lit français »), traduit ce penchant qu'ont Français et Anglais à s'accuser mutuellement de torts réciproques et identiques (☞ **Capote** *anglaise*). En français, un *lit fait à l'anglaise* – au moins du temps d'Eugène Sue – était un lit dont les draps n'étaient pas d'une propreté parfaite[2]. Le *Trésor de la langue française* donne une autre interprétation à la locution : un lit

1. Ce vocable est également le nom anglais d'un lit-rouleau.
2. Citation d'Eugène Sue dans le *Nouveau Larousse illustré.*

fait à l'anglaise est tout simplement un lit fait à la hâte. Dans *Mere Anarchy*, un livre que Woody Allen publia en 2007, l'humoriste transforme le qualificatif *French* en verbe dans le passage suivant, évoquant un canular dont il fut victime : *« Her minions frenched my bed »* (« Ses laquais ont fait mon lit en portefeuille »).

L'anglophone connaît mieux l'autre nom du lit fait à dessein pour piéger celui qui s'y couche : **apple-pie bed** (littéralement, « lit tarte aux pommes »). Les uns affirment que *apple pie* serait une corruption du français *nappe pliée*. Les autres répondent que c'est vraiment tiré par les cheveux, et que les nappes ne sont pas des draps de lit. Les uns répliquent que les Anglais ont bien fabriqué le mot *apron* (tablier) à partir du français *napperon*, et qu'en Angleterre on n'est pas tout à fait au point pour le vocabulaire du linge de maison. D'autres encore affirment que l'image du drap plié est contenue dans *apple pie* si on l'envisage sous la forme d'un chausson aux pommes (*apple turnover*). D'autant que la tarte anglaise (*pie*) – surtout américane, en fait – possède deux couches de pâte, l'une au-dessous des fruits, l'autre au-dessus (cette pâte est même repliée pardessus comme le drap du *lit en portefeuille* dans le cas du chausson). À vous de choisir : comme on fait son lit, on se couche.

Quelque chose de **louche**

Au départ – un départ qui se situe au Moyen Âge –, le qualificatif *louche* signifiait « qui ne voit pas très bien ». Au XIVe siècle, le sens devient spécifique : « qui a les yeux affectés de strabisme ». Au XVIIe siècle fut rajouté, par analogie, le sens concret de « trouble » (pour qualifier un vin, un émail) ; au XVIIIe siècle, « ambigu, qui n'est pas très clair » ; enfin au XIXe siècle, « suspect » est venu compléter les acceptions de ce mot. L'anglais, pour ce dernier sens, est **fishy**, **shady**, **seedy** (respectivement et littéralement, « poissonneux », « ombragé », « plein de graines »). Pour le premier, l'odeur du poisson, en particulier du poisson pourri, éclaire l'expression ; si c'est malodorant, *ce n'est pas très catholique*. Quant au second, c'est dans l'ombre que se cachent les gens qui agissent illicitement ; le terme **shady** qualifierait parfaitement une affaire ou un accord véreux. **Seedy**, enfin, serait une allusion à l'aspect un peu fouillis d'une fleur montée en graines ; le terme pourrait s'appliquer à une personne ou à un hôtel assez minable ou mal famé.

☞ *Il y a* **anguille** *sous roche*

M

Il ne **mâche** *pas ses mots*

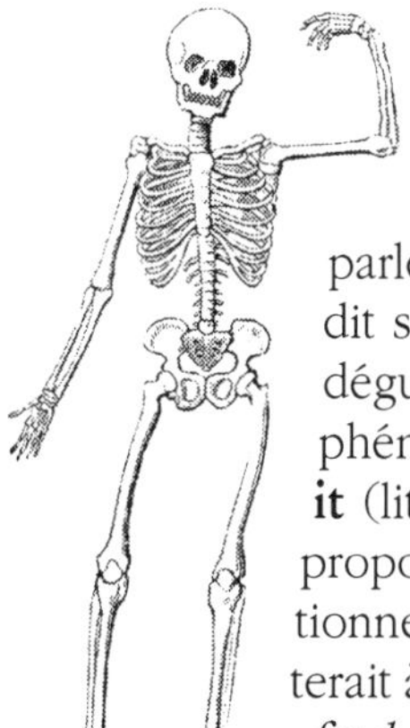

Celui qui *ne mâche pas ses mots*, s'il est anglophone, ne les *hache* pas : **he doesn't mince his words**.

La personne qui tient à son franc parler *n'y va pas par quatre chemins*, elle dit sans ambages ce qu'elle pense, sans déguiser sa pensée, ni employer d'euphémismes : **he makes no bones about it** (littéralement, « il ne fait pas d'os à ce propos »). Cette formule – qui ne fonctionne aujourd'hui qu'au négatif – remonterait à une expression à présent obsolète : *find bones*, « trouver des os ». Allusion y est faite à une soupe ou à un ragoût dont tous les os[1] n'ont pas été retirés ; on ne peut manger sereinement, déglutir correctement – et encore moins parler – avec des os dans la bouche. En

1. Notez bien qu'en anglais les arêtes du poisson se nomment également *bones*.

somme, avec des os dans la bouche, on ne peut s'exprimer clairement[1].

Autre façon de mettre en image le fait de parler net et franc : **talk turkey** (littéralement, « parler dindon[2] »). Cette formule américaine est souvent liée à l'anecdote suivante, dont il existe diverses versions : « Un Peau-Rouge et un Blanc vont à la chasse et conviennent de partager leur prise équitablement. Ils prennent trois corbeaux et deux dindons sauvages, que le Blanc se charge de partager entre eux deux. Il donne le premier volatile – un corbeau – à l'Indien. Puis il prend un dindon, donne encore un corbeau à l'Indien, reprend un dindon, et offre le dernier corbeau à l'Indien. Quand ce dernier se rebiffe, le Blanc fait remarquer à l'Indien qu'il est en possession de trois oiseaux, alors que lui-même n'en a reçu que deux. Ce à quoi l'Indien répond : Cessons de parler oiseau, parlons dindon[3]. »

☞ *Appeler un* **chat** *un chat* • **Flûte** *alors* • *Se mettre en* **quatre**

Magouilles *et compagnie*

Dans les années 1970, le mot *magouilleur* (d'origine incertaine) vient prendre la relève de l'*affairiste* qui l'avait précédé (homme d'affaires peu scrupuleux, avant tout préoccupé de profit). La première attestation de l'expression anglaise équivalente, **wheeler-dealer** (définition : entrepreneur, habituellement malhonnête), date de 1960 ; il semble

1. Les dictionnaires ne le disent pas, mais on aimerait croire que la locution française *tomber sur un os* remonte à cette même situation.
2. L'expression possède plusieurs acceptions en Amérique du Nord ; ici, il est question d'un seul sens.
3. *Why Do We Say It?*, Book Sales, 1985.

qu'elle remonte à l'expression *big wheel* (littéralement, « grande roue »), qui désigne une *grosse légume.*
Comment expliquer la deuxième partie de l'expression – le verbe anglais, *deal*, c'est traiter, négocier, distribuer, faire une transaction ; il ne possède aucune valeur péjorative[1] –, et comment la relier à la première ? Selon certaines interprétations, il s'agirait du croupier dans un casino : c'est lui qui lance la roue (roulette), et qui distribue les cartes. Or, les casinos ne perdent jamais.

☞ *C'est une grosse* **légume**

La **main** *dans le sac*

Prendre quelqu'un *la main dans le sac*, c'est le prendre en flagrant délit, le prendre sur le fait ; l'expression date de 1798. Nul doute sur le méfait dont il est question : c'est le vol. L'expression anglaise, **caught red-handed** (littéralement, « pris les mains rouges »), évoque à l'origine un acte autrement plus grave, puisque le rouge sur les mains du criminel, c'est du sang. Dans le droit écossais de la fin

1. Le *dealer* français se nomme *drug dealer* en anglais ; et le concessionnaire de votre marque de voitures préférée est un *car dealer.*

du Moyen Âge, la notion de «main rouge» (*red hand*) était centrale dans les procédures criminelles : si l'on ne prenait pas le voyou sur le fait, il était impossible de le poursuivre en justice. C'est Walter Scott, dans *Ivanhoe* (1819), qui, le premier, formula l'expression telle que nous la connaissons de nos jours. Très rapidement, l'allusion au sang sur les mains perd son sens initial, et la locution se focalise sur la simple idée d'être pris sur le fait. Aujourd'hui, il existe une série télévisée américaine portant ce titre ; chaque épisode montre des voleurs à l'étalage pris en flagrant délit.

Une version «enfance» de cette locution existe dans les deux langues : *pris les doigts dans le pot de confiture*, et **caught with your hand in the cookie-jar** (littéralement, «pris avec une main dans le bocal à biscuits secs»). L'expression anglaise évoque non seulement le petit délit enfantin, mais aussi des larcins plus lourds, comme les détournements de fonds.

C'est une autre paire de **manches**

L'expression française renvoie à une période où les vêtements comportaient des manches pour ainsi dire détachables. Au Moyen Âge, il arrivait aux femmes de donner

à leur chevalier servant les manches d'un vêtement ; cela symbolisait un lien de fidélité. Évidemment, *une autre paire de manches* pouvait laisser entendre autre chose.
En anglais, l'expression **it's a horse of a different colour** remonterait – selon une des nombreuses théories à son propos – aux tableaux généalogiques des chevaux, leur pedigree. Lors de la vente d'un cheval, on se renseignait sur ses antécédents dans les registres hippiques. L'expression désignait alors un décalage observé entre la couleur réelle de la robe du cheval et celle qui était inscrite dans les livres. Le maquignon tentait-il de vendre un cheval à la place d'un autre ?
Autre expression anglaise possédant le même sens : **it's a different kettle of fish**. Une tradition écossaise de fête champêtre (XVIIIe siècle) voulait que les poissons pêchés dans la plus proche rivière fussent jetés vivants dans un gros chaudron. Le pourquoi de cette expression semble s'être évaporé dans un beau fumet.

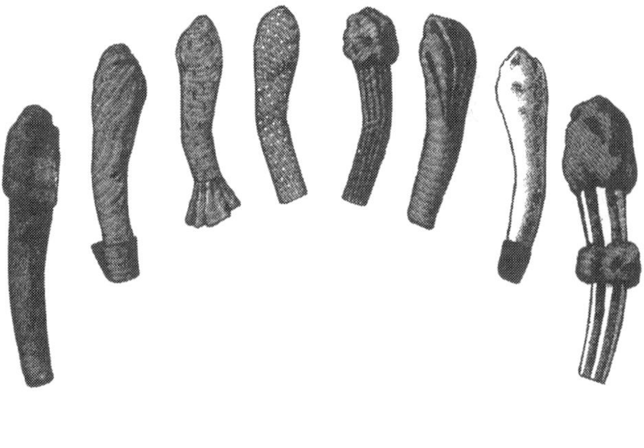

Tu me fais **marcher !**

Faire marcher quelqu'un signifie soit obtenir de lui ce que l'on veut, soit faire prendre une chose fausse pour vraie. C'est le second sens qui nous intéresse ici.

Étrangement, la locution anglaise équivalente semble tourner autour de l'idée de ne pas pouvoir marcher, ou d'empêcher quelqu'un de marcher : **pull someone's leg** (« tirer la jambe de quelqu'un »). Comme l'expression française, elle date de la seconde moitié du XIXe siècle et sert, comme elle, dans des situations où l'on taquine, où l'on asticote gentiment, sans vraie méchanceté. Si vous soupçonnez quelqu'un de tenter de vous faire marcher – et si vous êtes anglophone, plutôt britannique – vous lui direz *pull the other one,* voire *pull the other one, it's got bells on :* « tirez sur l'autre » (l'autre jambe, bien entendu), ou bien « tirez sur l'autre, elle a des clochettes ». Y aurait-il une allusion aux clochettes dont s'orne la tenue du fou du roi ?

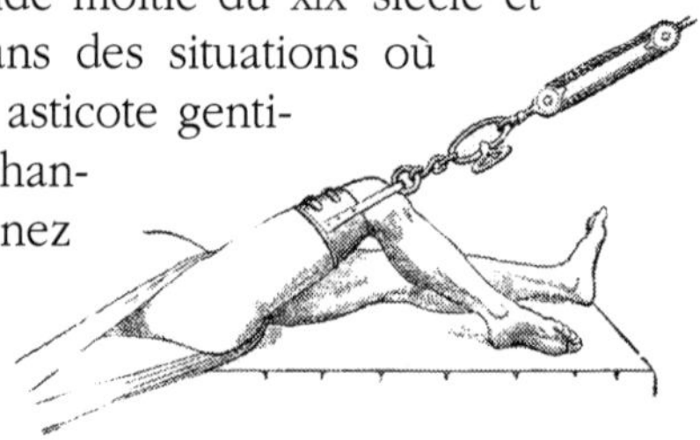

Moins bien intentionné, **pull the wool over someone's eyes**, (littéralement, « tirer la laine sur les yeux de quelqu'un ») ; cette expression se rapprocherait plutôt à l'idée de *donner le change,* c'est-à-dire tromper, duper. L'anglais offre également un verbe pour véhiculer cette idée : **hoodwink**, littéralement « faire fermer l'œil à quelqu'un avec sa (propre) capuche ». Les deux tournures renvoient à cette pièce de vêtement très communément portée au Moyen Âge.

☞ *Il m'a mené en* **bateau**

Maréchal *ferrant*

Pourquoi *maréchal* ferrant, et non pas colonel ferrant ou général ferrant? C'est tout de même étrange. Expliquons, mais sans remonter au latin, même si l'affaire commence bien avant l'existence de la langue française. En 1086, le mot *marescal* désigne l'artisan qui ferre les chevaux, puis le «vétérinaire» des chevaux. Au XIIe siècle, ce mot passe dans la terminologie militaire pour désigner l'officier préposé au soin des chevaux, aux écuries; avec l'importance grandissante de la cavalerie (XIIIe siècle), il en vient à désigner un grand officier général d'armée. Belle carrière pour le petit artisan! Aujourd'hui, pour ne pas le confondre avec d'autres maréchaux, on précise *maréchal ferrant*.

S'il est anglophone, cet homme se nomme **blacksmith**. Disséquons. C'est un «homme qui travaille un métal» (*smith*) «de couleur noire» (*black*). On distingue en anglais entre toutes sortes de travailleurs du métal: *coppersmith* (qui travaille le cuivre), *goldsmith* (l'or), *silversmith* (l'argent), *tinsmith* (l'étain), et puis *gunsmith* (armurier) et *locksmith* (serrurier). Contrairement à notre homme qui travaille le fer, un métal perçu comme «noir», l'étameur se nomme *whitesmith*, car il travaille et polit – eh oui – le fer-blanc; c'est le ferblantier.

Faire bouillir la **marmite**

Depuis bientôt quatre cents ans, cette métaphore est employée en France. Depuis bien plus longtemps encore, les Anglais «rapportent le bacon à la maison»: **bring home the bacon**. Il semble que l'expression remonte à une ancienne tradition anglaise, et qu'elle soit confirmée par une pratique américaine récente.

Dans le comté d'Essex (Angleterre), il existe depuis bientôt mille ans une sorte de concours d'amour, où des couples doivent montrer devant un jury de célibataires qu'ils s'aiment, vraiment, et qu'à aucun moment de leur vie conjugale ils n'ont souhaité se séparer. Le couple gagnant se voit décerner un demi-porc[1]. Ajoutez à cela une pratique américaine typique de certaines kermesses – la course-poursuite d'un porc enduit d'huile ou de gras, la récompense pour l'avoir attrapé étant l'animal lui-même – et voilà deux cas où l'on subvient aux besoins du ménage grâce au cochon.

L'anglais possède également l'expression **keep the pot boiling** («faire que la marmite ne cesse de bouillir»), mais elle sert relativement peu. En revanche, la formule explique le nom d'une œuvre littéraire produite dans un but uniquement alimentaire : *potboiler*. Même si l'objectif premier

1. On sait qu'avant de désigner le lard salé ou fumé, *bacon* (emprunté au français) désignait toute viande de porc.

est le gain financier, il peut arriver que le génie de l'auteur transcende ce but, et que l'œuvre possède une valeur propre ; voilà ce qui se dit parfois de *La Complainte du vieux marin* de Samuel Coleridge.

Avoir une **marotte**

On a tendance à oublier que le mot *marotte* vient de *Marie*; tout comme *marionnette*. D'ailleurs, les deux jouets se ressemblent. Une marotte est une sorte de poupée montée sur un bâton, mais le mot désigne également un sceptre surmonté d'une tête à capuchon de tissu garni de grelots : on reconnaît là un des attributs du fou de cour. Et c'est le lien avec le fou qui donne son sens à l'expression *avoir une marotte*: c'est avoir une idée fixe.

Si vous êtes un anglophone de la haute, vous direz *idée fixe*, en français dans le texte. Mais si vous êtes, comme moi, coincé vers le milieu de l'échelle sociale, vous emploierez la formule **have a bee in your bonnet**, « avoir une abeille dans votre bonnet ». L'allusion semble renvoyer tout bêtement à la situation dans laquelle on se trouverait si une abeille s'installait dans notre bonnet ; on ne penserait qu'à une seule chose : la déloger. Notons en passant que le français *dada*, mot enfantin pour cheval (mais aussi pour une sorte d'idée fixe), a été calqué sur l'anglais **hobby-horse**. Le mot anglais couvre un domaine plus large que *dada*, si l'on peut dire ; il a désigné un véritable cheval (du XVe au XIXe siècle), une tige de bois sur laquelle est montée une tête de cheval et que les enfants enfourchent pour jouer (du XVIe siècle à aujourd'hui), une draisienne (courant XIXe siècle), un cheval à bascule en bois (XIXe siècle) et, depuis 1816, un passe-temps.

Se creuser les **méninges**

Se creuser les méninges, se creuser la tête, se casser la tête, se presser le citron: que d'efforts pour réfléchir, pour tenter de comprendre! En anglais, le cerveau est également au rendez-vous. Tout d'abord **scratch your brain** («vous gratter le cerveau»), ensuite l'épouvantable **rack your brains**, littéralement «passer votre cervelle à la torture du chevalet». Si vous avez oublié la nature de cette punition, voici une piqûre de rappel: «Ancien instrument de torture consistant en une sorte de cheval de bois, à dos très aigu, sur lequel on asseyait le patient, les pieds chargés de poids très lourds, ou attachés à des cordes que l'on enroulait progressivement sur un treuil[1].» La littérature spécialisée offre quantité de récits sur la façon dont les membres du «patient» se déboîtaient, s'arrachaient. Pour

1. Définition de *chevalet*, tirée du *Grand Dictionnaire universel* (1865-1876) de Pierre Larousse.

votre information, la torture sur un chevalet fut abolie en Angleterre en 1640, en France en 1780. Mais nous nous écartons du sujet ; d'ailleurs, même les anglophones ont oublié l'histoire horrible de ce mot.
Terminons avec une expression qui laissera intacte – et dynamisera – votre matière grise : **put on your thinking cap !** (« mettez votre casquette à penser ! »).

Tenir quelqu'un à sa **merci**

On tient quelqu'un *à sa merci* lorsque sa vie ne dépend plus que de votre pitié, littéralement ; le vaincu d'un tournoi demandait *merci*, c'est-à-dire d'avoir la vie sauve. Effectuons une avance rapide de plusieurs siècles et changeons de continent pour l'expression équivalente en anglais.
Avant la diffusion du bouche-à-bouche aux États-Unis au milieu des années 1970, comment faisait-on pour réanimer les noyés ayant cessé de respirer ? Pendant la première moitié du XXe siècle, plusieurs méthodes furent utilisées : la méthode Silvester (patient sur le dos, torse légèrement soulevé : on agissait de manière répétée sur les bras du patient, étendus puis repliés seize fois par minute), et celle décrite dans le manuel des Scouts pour l'année 1911 (patient sur le ventre : alternativement, on lui tirait sur les bras et on appuyait sur ses omoplates, de façon répétée). En 1932, un athlète danois, Holger Nielsen[1], publia une description détaillée de cette seconde méthode, qui désormais prit son nom.
Et la *merci* dans tout ça ? Eh bien, avant Nielsen, avant les Scouts et avant Silvester, voici comment on procédait.

1. Nielsen est peut-être mieux connu aujourd'hui comme l'inventeur des règles du handball.

Imaginez que vous êtes maître nageur (*life guard* en anglais), et que quelqu'un vient d'être retiré de l'eau, inanimé. Vite, vous prenez un tonneau, et vous placez cette personne sur le tonneau, le ventre à même les douves. Doucement, vous roulez le tonneau dans un petit mouvement de va-et-vient. L'eau dans les poumons du noyé est ainsi rejetée, peu à peu, et il revient à la vie. Il a été à votre merci, au sens premier du terme. Aujourd'hui, la bonté du geste est oubliée[1] : si vous tenez quelqu'un **over a barrel**, c'est qu'il est entièrement soumis à vos exigences, bon gré, mal gré. C'est Raymond Chandler qui a introduit cette acception en anglais américain (*Le Grand Sommeil*, 1939).

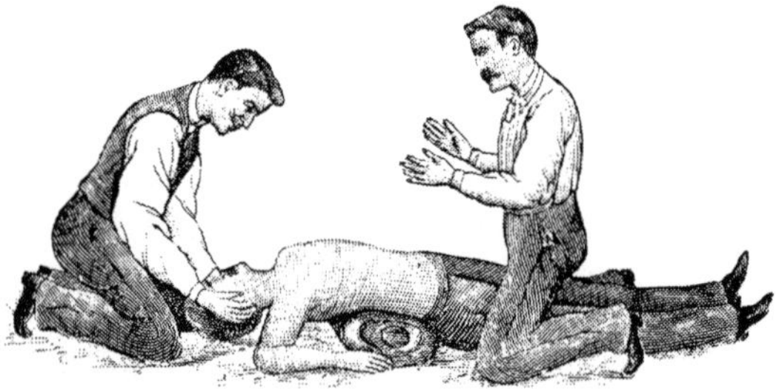

Merde !

Si vous êtes théâtreux ou théâtreuse, passez votre chemin ; vous savez déjà tout. Il est question ici du souhait que l'on adresse à quelqu'un (souvent dans le milieu théâtral, mais pas seulement) avant son spectacle, ou avant un moment décisif (examen, discours, cérémonie). Les théâtreux ont la

1. Encore que… un spécialiste de la respiration artificielle conseillait en 2010, en cas de noyade, de vider au plus vite l'eau des poumons, soit en pliant le corps de la victime en deux, menton contre genoux, soit en le plaçant sur un tonneau auquel on imprime un petit mouvement de roulis.

réputation d'être superstitieux. Pas question de dire « bonne chance » à un comédien avant son spectacle, car cela porte malchance. Dire *Merde!*, c'est la façon acceptable – et bien étrange, avouez-le! – de lui souhaiter bonne chance. Et, superstitieux comme ils sont, ils éviteront de répondre « Merci » à ce souhait réglementaire : c'est encore une source de malchance! Le mot *merde* est attesté dans ce sens depuis le XIXe siècle ; son origine est contestée, mais la version qui obtient le plus de suffrages renvoie aux spectateurs qui venaient au théâtre en fiacre. Plus il y avait de spectateurs, plus il y avait de fiacres devant le théâtre ; plus il y avait de fiacres, plus il y avait de crottin sur la chaussée…

L'équivalent en anglais semble tout aussi étrange, puisqu'on souhaite à l'intéressé de se casser une jambe : **break a leg!** Il existe une pléthore d'hypothèses pour expliquer la locution. L'une d'entre elles concerne l'assassinat d'Abraham Lincoln au Ford's Theatre à Washington le 14 avril 1865 : John Wilkes Booth, un acteur très à la mode alors, tue Lincoln dans sa loge présidentielle. D'un coup de pistolet. Il saute de la loge, se blessant (ou se cassant) la jambe, et réussit à s'enfuir[1]… Une autre explication est liée à Sarah Bernhardt, dont l'excellence comme comédienne serait liée à sa jambe amputée.

Je vous passe une poignée d'autres explications d'une « cocassitude » comparable.

1. Il sera traqué, pris puis tué douze jours plus tard.

Taper dans le **mille**

Depuis les années 1950, les cinéphiles français connaissent bien le petit mineur (de la société de publicité Jean Mineur) qui *tape dans le mille* avant le générique. En anglais, l'image est toute différente : il « tape l'œil du bœuf », **hits the bull's eye**. Le terme **bull's eye** occupe deux fonctions très

différentes en anglais : d'une part, il désigne la bosse centrale d'une plaque de verre soufflé en couronne (pensez à ces fenêtres médiévales qui semblent réunir des culs de bouteille) ; d'autre part, il désigne la partie centrale d'une cible faite de cercles concentriques. Les deux acceptions du terme sont nées quasi simultanément en anglais, dans les années 1830. Contrairement à ce que l'on pourrait imaginer, ce n'est pas dans le domaine du tir à l'arc que le vocable est entré dans la langue (encore qu'il y serve aujourd'hui), mais plutôt à travers les concours de tir à l'arme à feu.
Naturellement, tout ce développement vous fait penser à votre *œil de bœuf* français ; là, vous ne tapez pas dans le mille. Quel est le mot anglais pour cette fenêtre ronde ? Eh bien, *œil de bœuf* ! En français dans le texte anglais !

☞ *Entendre voler une* **mouche**

C'est le **monde** *à l'envers*

Dire *C'est le monde à l'envers*, c'est affirmer que l'ordre naturel des choses a été bousculé ou renversé. L'équivalent en anglais remonte au jeu de *backgammon* (le jacquet, en français), qui se jouait autrefois sur une petite table en marqueterie. Selon une obscure règle de ce jeu, on pouvait doubler sa mise, au moment opportun, en tournant la table de 180 degrés, en prenant donc le jeu du partenaire. En anglais: *turn the tables*. L'expression naît au début du XVIIe siècle et acquiert rapidement le sens figuré qu'on lui connaît aujourd'hui. On dit **the tables turned** pour décrire une dérogation à un ordre naturel ou attendu, particulièrement quand il s'agit d'une inversion des rôles, ou d'un renversement de situation.

L'anglais offre deux autres expressions du même acabit. La première remonte à la période où les chaussures n'étaient pas différenciées pour le pied gauche et le pied droit. (Ce n'est que vers la fin du XVIIIe siècle que la cordonnerie fit sa « révolution ».) **The boot is on the other foot** (littéralement, « la botte est sur l'autre pied ») renvoie à la pratique consistant à inverser ses bottes si l'une d'elles faisait mal. Aujourd'hui, cette expression implique souvent une inversion des rôles entre fort et faible.

Terminons avec une expression absurde, assez récente: **the tail is wagging the dog** (« c'est la queue qui agite le chien »). On se sert de cette formule lorsque, dans une situation donnée, c'est un facteur secondaire qui prend le pas, et que l'essentiel semble oublié.

☞ *Mettre la* **charrue** *avant les bœufs*

Jusqu'à ce que **mort** *s'ensuive*

Je me tue à vous le dire, je vous l'ai dit *jusqu'à en perdre la voix*, faut-il que je vous le dise *jusqu'à ce que mort s'ensuive* ? L'expression anglaise n'est pas très différente, et je vais vous le dire jusqu'à ce que mon visage devienne bleu : **until I'm blue in the face**. Implication : jusqu'à ce que je sois morte. En anglais, cette expression sert principalement lorsque l'on essaie en vain de persuader quelqu'un qui n'a nulle envie de vous entendre.
Ça sent le sapin, tout ça. En parlant d'un moribond, et selon le contexte, on dira qu'il est (ou elle est, etc.) **not long for this world**, (il « n'en a plus pour longtemps dans ce monde »). Ou bien qu'il est « sur ses dernières jambes » : **on his last legs**. Pas tout à fait la même chose que dans

les *griffes de la mort*, puisque, traditionnellement, on en réchappe, mais de justesse. En anglais, c'est aux « mâchoires de la mort » que l'on échappe : **the jaws of death**. Ne croyez pas qu'il y ait le moindre lien avec le film de Spielberg ; c'est Shakespeare qui a popularisé l'expression, dans *La Nuit des rois*, en 1602.

☞ *À l'***article** *de la mort*

Motus *et bouche cousue*

L'interjection *motus !* est une latinisation plaisante du mot *mot* ; attesté depuis le XVe siècle, elle signifie « pas un mot ». La *bouche cousue* coule de source.

L'expression anglaise équivalente date, elle aussi, du XVe siècle : **mum !** ou **mum's the word !** Attention, ici *mum* ne désigne pas la maman, mais le son que produit une bouche fermée (les paroles de certaines chansons indiquent les passages à fredonner en faisant « mm-m-m », c'est-à-dire en marmonnant). Depuis le XVe siècle, il existe en Angleterre des troupes de mimes ambulantes, nommés *mummers* ; leurs pièces de théâtre se nomment *mummers' plays*, et toute l'affaire remonte à ce verbe, *mum*, qui désigne le fait soit de marmonner, soit de refuser de parler.

En réponse à une telle injonction, on dira *je suis une tombe*, **my lips are sealed** (« mes lèvres sont scellées »).

Post-scriptum : lors de la Seconde Guerre mondiale, la propagande britannique a publié une série d'affiches invitant les Anglais à surveiller leurs dires, à ne pas laisser traîner des informations qui pourraient tomber dans des oreilles ennemies. L'une de ces affiches exploitait l'homonymie entre *mum* et *mum*: **Be like Dad, keep Mum** (deux lectures possibles: «Fais comme Papa, tais-toi»; «Fais comme Papa; garde Maman»)[1].

☞ *Se* **déboutonner** • **Vendre** *la mèche*

Entendre voler une **mouche**

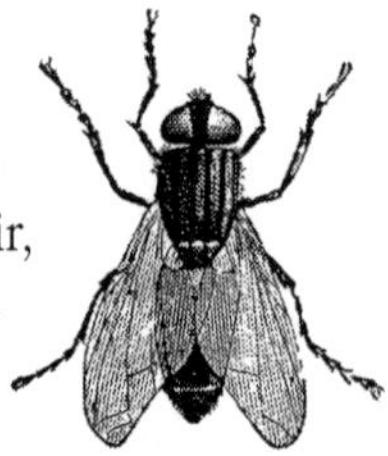

S'il vous est arrivé d'*entendre voler une mouche*, par exemple la nuit, alors que vous tentiez vainement de vous endormir, vous conviendrez que ce bruit est bien plus fort que celui de son équivalent en anglais: **hear a pin drop** («entendre tomber une épingle»).

Écoutons voler d'autres mouches[2]. Par exemple, celle qui se présente dans l'expression *faire mouche*. Ici, il ne s'agit pas de la drosophile elle-même, mais d'une extension de sens: le point noir tout au centre d'une cible, au milieu du mille. L'expression s'est étendue bien au-delà du cercle des archers ou des tireurs d'élite. Par exemple, dans un combat au fleuret ou à l'épée, *faire mouche*, c'est tout simplement toucher l'adversaire (avec la *mouche*, ce petit bouton que l'on fixe au bout d'une épée pour la

1. L'expression possède, tout de même, ses lettres de noblesse. Dans *Henri VI* de Shakespeare, Hume dit: *Seal up your lips and give no words but mum*: «Mets un sceau sur tes lèvres et ne prononce pas un mot» (traduction de Le Tourneur, 1721).
2. Sans nous attarder sur la mouche insolente qui souligne la joue d'albâtre d'une élégante courtisane. Les uns la nomment *beauty spot*, les autres... *mouche* (en français dans le texte anglais).

rendre inoffensive). Enfin, *faire mouche*, c'est également – hors de tout contexte armé – toucher le point sensible. En anglais, on dira **hit home**. Cette expression signifie affecter la conscience, les sentiments, le confort ou le bien-être. Par exemple, si vous recevez une nouvelle bouleversante et mettez un certain temps à réaliser ce qui vous arrive, vous direz après coup : *it finally hit home* (c'est-à-dire, j'ai fini par prendre pleinement conscience de l'étendue de la chose).

☞ *Taper dans le* **mille**

Se faire **mousser**

Se donner de l'importance, se mettre en valeur, se vanter, faire étalage de soi-même, c'est *se faire mousser*. Mais de quelle mousse s'agit-il ? Celle du champagne (on aimerait y croire), celle du chocolat, celle du foie gras ? Allez savoir ! La mousse à raser ? Non, pas ça.

L'anglais est plus bruyant : se mettre (exagérément) en valeur, chanter ses propres louanges, c'est battre son propre tambour, **beat your own drum**. Autre façon de se mettre en valeur, souffler dans son propre cor ou sa propre trompette : **blow your own horn, blow your own trumpet**. C'est la Bible qui semble être la source de cette dernière expression : « Lors donc que tu fais l'aumône, ne sonne pas de la trompette devant toi, comme font les hypocrites dans les synagogues et dans les rues, afin d'être glorifiés par les hommes[1]. »

Dans le domaine des instruments à vent, faisons un point salutaire sur deux instruments : le *cor anglais* (**cor anglais**

1. Matthieu 6:5.

– en français dans le texte – pour l'anglais britannique, **English horn** en anglais américain). Les dictionnaires précisent que cet instrument n'a rien d'un cor et rien d'anglais – il serait peut-être même né en France – et qu'en réalité il est l'alto de la famille des hautbois. Quant au **French horn**, qui émarge en français sous le nom de *cor d'harmonie*, les spécialistes sont catégoriques : l'instrument vient d'Allemagne.

N

Noce, *nouba, bombe et autres bamboulas*

Écartons la *noce*, que l'on fait sous ce nom en France depuis bientôt mille ans[1], pour nous focaliser sur la *bombe*, la *nouba* et la *bamboula*. Et convoquons messieurs les militaires. *Bombe*? Une rétroformation de *bombance*, usitée par les soldats (et peut-être porteuse d'un jeu de mots moyennement drôle). *Nouba*? Avant d'arriver à son sens actuel, ce terme a désigné la musique des tirailleurs algériens et la fanfare d'un régiment; c'est par l'armée coloniale

1. Dans le sens de «célébrer et fêter un mariage», l'expression *faire la noce* existe depuis le XIIe siècle; dans l'acception *faire la fête*, hors de tout contexte nuptial, depuis 1836.

d'Algérie que la nouba est entrée en français. *Bamboula*? Originaire de la Guinée portugaise, ce mot est passé par divers avatars pour désigner un tambour, une danse exécutée sur la musique de cet instrument et, enfin, grâce aux tirailleurs algériens de la Première Guerre mondiale, la fête. Il faut croire que la bamboche est une composante de la vie militaire.
En anglais on dit **paint the town red** (« peindre la ville en rouge »). Pourquoi rouge et non pas bleu ou vert ? Y aurait-il une explication dans les couleurs des deux grands partis politiques américains (rouge pour les Républicains, bleu pour les Démocrates) ? Pourrait-il s'agir des reflets rouges de feux de joie ? Le rouge est-il tout simplement une couleur plus extravagante que le bleu ? L'histoire ne le dit pas, même si les dictionnaires offrent des citations datant de 1882 (Illinois) et de 1883 (New York), et précisent que lorsqu'on peint la ville en rouge on boit et on danse énormément.

Travailler au **noir**

Selon Alain Rey, le *travail au noir* existe sous cette appellation depuis 1963 ; à peine vingt ans plus tôt, la France occupée – et affamée – subissait les aléas du *marché noir*[1]. Le mot *noir* véhicule une idée de quelque chose de nocturne, de clandestin, de suspect.
En anglais, on connaît ce genre de ruse depuis belle lurette : le verbe équivalent à *travailler au noir* est **moonlight** (c'est le substantif « clair de lune » transformé en verbe). L'expression anglaise possède un pedigree séculaire, puisque déjà, au XIXe siècle, elle désignait la mise en œuvre, nuitamment,

1. En anglais, le *black market* est connu depuis le XVIIIe siècle.

d'une action illicite (souvent, le fait de voler ou d'endommager la propriété d'autrui). Depuis 1954, aux États-Unis, ce verbe signifie avoir un deuxième emploi rémunéré (la nuit, souvent) outre son emploi régulier. Naturellement, le droit du travail français n'est pas universel, et ce deuxième emploi peut être, dans d'autres pays, tout à fait licite, avec contrat en bonne et due forme.

Attention : vous ne devez à aucun prix confondre le verbe **moonlight** et le substantif **moonshine** (littéralement, « clair de lune », comme *moonlight*). Il est vrai, cependant, que les deux termes ont un parfum de clandestinité. Un alcool clandestin – produit de façon illégale ou illégalement importé – se nomme en anglais **moonshine**. Peu importe le type d'alcool ; si l'on évoque un bouilleur de cru clandestin, eh bien sa gnôle sera du **moonshine.**

O

En **odeur** *de sainteté*

L'*odeur de sainteté*, en français, remonte à une période où l'on considérait que du cadavre des saints émanait une odeur suave, celle de la sainteté. Au XVIe siècle, l'expression avait évolué, et Furetière fait remarquer que toute personne – sainte ou pas – peut *être en bonne* (ou mauvaise) *odeur*, c'est-à-dire faire bonne ou mauvaise impression. L'anglais offre, pour cette notion, **be in my good books** (qui n'est pas si loin d'*être dans les petits papiers de quelqu'un*).

S'agissant de la situation inverse, *ne pas être en odeur de sainteté*, l'anglais propose naturellement **not be in someone's good books** et, de façon plus imagée, **be in the doghouse** («être dans la niche du chien»). Cette dernière expression s'utilise en particulier (mais pas seulement) pour décrire la situation d'un homme qui a beaucoup irrité son épouse. Si, le plus souvent, il s'agit pour le mari fautif de coucher quelques nuits sur le canapé, on se rappelle que dans *Peter Pan*, Monsieur Darling couche réellement dans la niche du chien jusqu'au retour des enfants.

Un **œil** *poché*

Le nom *poche* apparaît au XIIe siècle dans la langue française pour désigner un sac. Un siècle plus tard apparaît le verbe qui en dérive dans l'expression *pocher un œil à quelqu'un*, c'est-à-dire lui crever un œil. La locution mettra trois siècles pour désigner un geste à peine moins brutal : meurtrir un œil par un coup violent.

Pocher un œuf consiste à le porter à ébullition pour que le blanc, coagulé, forme une poche autour du jaune. Toujours dans la métaphore culinaire, après *l'œil poché*, *l'œil au beurre noir*; pour cette dernière, la partie noire correspondrait à l'ecchymose qui entoure l'œil blessé et, dans l'image correspondante, au beurre roussi qui colore le blanc des œufs.

L'anglais – moins perfectionné dans l'art de la cuisson de l'œuf – se contente d'un simple **black eye** (littéralement, « œil noir[1] »). Plus familière, l'expression **a shiner** (un réflecteur, une balise, quelque chose qui brille) nomme cette meurtrissure, et rend assez efficacement les couleurs moirées par lesquelles passe l'ecchymose. Enfin, un usage par-

1. Ce serait à cause de cette acception douloureuse que l'anglais moderne ne nomme pas *black eyes* les yeux de couleur noire. On pense à la chanson russe, « Les Yeux noirs » en français, « Dark Eyes » en anglais (littéralement « yeux sombres »).

ticulier du mot pour « souris », **mouse** : comme pour la souris d'agneau, c'est la forme du petit animal qui conduit à cette acception de son nom. Ici, c'est une petite enflure autour de l'œil ; l'accent est mis sur la forme et non pas sur la couleur. Conan Doyle, dans *Le Gouffre Maracot* (1929) évoque *« the chap with the mouse under his eye »* (« le type avec la souris sous l'œil », c'est-à-dire « le type à l'œil poché »).

Un **œil** *qui dit merde à l'autre*

Si nous étions ophtalmologue, nous ne nommerions jamais ainsi le strabisme. Mais nous ne sommes pas ophtalmologue, et nous avons le droit d'évoquer en termes peu scientifiques les diverses manières de loucher. *Avoir un œil qui dit merde à l'autre* évoquerait plutôt le strabisme convergent, *avoir un œil à Paris et l'autre à Pontoise*

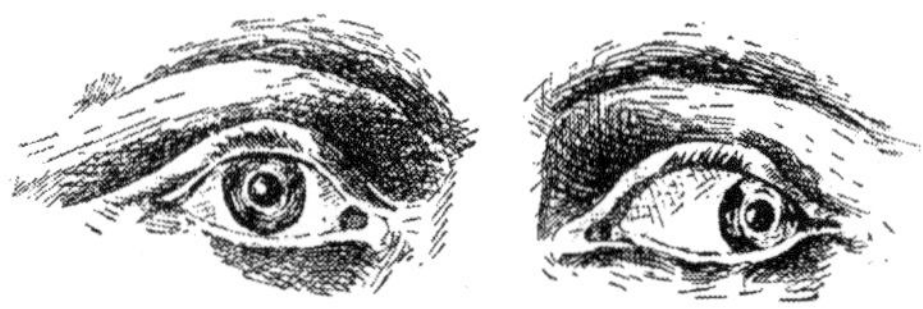

plutôt le strabisme divergent. Il existe également quelques locutions dont le sens évoque non pas une malformation des yeux, mais une activité double : *avoir un œil qui joue au billard et l'autre qui compte les points* et, argotiquement, *avoir un œil qui fait le tapin et l'autre qui guette les bourres*[1]. Si vous êtes coureur cycliste, vous préférerez *avoir un œil qui fait pignon fixe et l'autre qui fait roue libre*. La liste est longue.

1. Les bourres sont les policiers, en argot.

En anglais, les options sont plus restreintes. Il existe **wall-eyed**[1], mais ce qualificatif est un attrape-tout : il décrit la personne affligée d'un strabisme divergent, mais aussi l'individu qui plisse les yeux (sans problème de strabisme), celui qui a les yeux pers ou les yeux exagérément clairs, ou encore celui qui possède un œil strié, ou dont l'iris est partiellement incolore. Pour le strabisme convergent : **crossed-eyed** ou **cross-eyed** (littéralement, « qui a les yeux croisés » ; en français, on parle bien des *yeux qui se croisent les bras*). Plus poétiquement, **have one eye in the pot and the other up the chimney** (littéralement, « avoir un œil dans la marmite et l'autre qui monte dans la cheminée »). Cette expression doit une grande partie de sa renommée à une chanson de Harry Belafonte, « The Drummer and the Cook » (« Le batteur et la cuisinière » ; c'est la cuisinière qui louchait).

Va te faire cuire un **œuf**

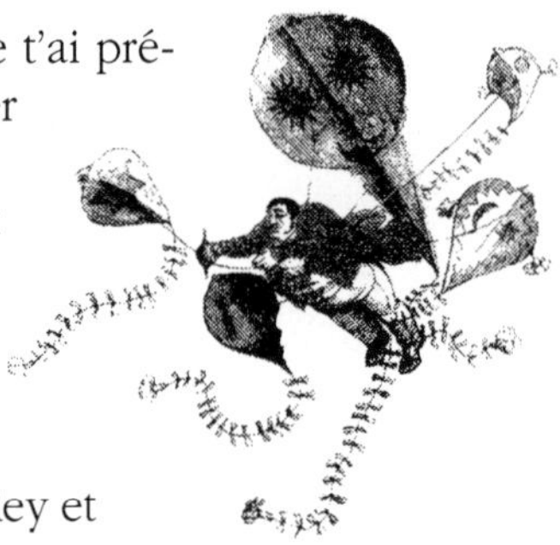

« Si tu n'aimes pas ce que je t'ai préparé pour dîner, tu peux aller te faire cuire un œuf. » Les fins de non-recevoir ne sont pas toujours d'une grande distinction. Écoutez, pourtant, la délicatesse avec laquelle deux spécialistes du langage, Alain Rey et

1. Traduction : « yeux de mur » ? Non, l'étymologie de ce mot, d'origine islandaise, s'est perdue dans quelque fjord scandinave. Certains prétendent que le mot-source, *vald eysthr*, désignait la fameuse poutre que l'on peut trouver parfois dans son œil (☞ *C'est l'***hôpital** *qui se moque de la charité*).

Sophie Chantreau, ont commenté l'expression *va te faire cuire un œuf*: « Peu explicable par la rhétorique (l'activité qui consiste à cuire un œuf n'a rien de méprisable ni d'absurde), l'expression ne peut correspondre qu'au sémantisme du mépris, généralement sexuel, et masquer une allusion. » Vingt-cinq ans plus tard, Rey, cette fois tout seul, tourne moins autour du pot : « Peut-être allusion sexuelle masquée (*œuf* = testicule ?) ». Nous n'allons pas développer ici *va te faire voir/foutre chez les Grecs*, qui possède également son côté louche (cette locution est fondée sur l'homosexualité légendaire de Socrate et compagnie).
Les expressions anglaises équivalentes sont plus… plates. **Get lost** (« va te perdre »), **go fly a kite** (« va faire voler un cerf-volant »), **take a hike** (« va faire une randonnée »). **Go to hell** (« va en enfer ») est un peu plus brutal, et on le dira seulement si on est très fâché.

Une **ombre** *au tableau*

Au XVIIe siècle, le mot *ombre* acquiert une nouvelle acception dans le domaine de la peinture, et l'expression *une ombre au tableau* possède une connotation plutôt favorable. Cette ombre rehausse ou met en valeur d'autres parties ou aspects de l'œuvre. Aujourd'hui, le côté positif a disparu, et l'ombre constitue l'élément négatif d'une situation par ailleurs acceptable.

Une fois de plus, l'expression équivalente en anglais remonte à la Bible, c'est « la mouche dans la pommade » :

the fly in the ointment. Comme l'ombre au tableau, cette mouche constitue un défaut nuisant à quelque chose qui autrement serait très bien ; elle gâche le plaisir. Explication directe tirée du livre de l'*Ecclésiaste* (10:1) : « Les mouches mortes infectent et font fermenter l'huile du parfumeur ; un peu de folie l'emporte sur la sagesse et sur la gloire. » Et application directe dans le premier roman d'Agatha Christie, *La Mystérieuse Affaire de Styles* (1920) : « *The only fly in the ointment of my peaceful days was Mrs. Cavendish's extraordinary and, for my part, unaccountable preference for the society of Dr. Bauerstein* » (« Seule ombre à mon séjour, par ailleurs très paisible, Mrs Cavendish manifestait envers le Dr Bauerstein une étonnante inclination que, pour ma part, je ne m'expliquais pas[1] »).

*Pour tout l'***or** *du monde*

Dire qu'on ne ferait pas quelque chose *pour tout l'or du monde*, c'est dire qu'on ne le ferait à aucun prix. L'expression est vieille de plusieurs siècles. Au Moyen Âge, le monde devait être perçu différemment, puisque les chansons de geste n'évoquent pas tout l'or du *monde*, mais tour à tour celui de Paris (*La Chanson de Roland*), de Pavie (*Tristan et Iseult*), d'Avallon (*Raoul de Cambrai*) ou d'Arabie (*Le Roman de la Rose*). En somme, après une négation, *pour tout l'or du monde* signifie « pour rien au monde » ou même « jamais de la vie ».

1. Librairie des Champs-Élysées, 1990, traduction française de Thierry Arson.

L'anglophone ne peut imaginer tout l'or du monde ; en revanche, il refusera de faire quelque chose qu'il ne veut entreprendre, « même contre tout le thé qui est en Chine » – **not for all the tea in China**. En voilà un refus catégorique ! L'expression date du début du XXe siècle, et ses premières attestations sont australiennes.

C'est certain, le thé (et le mot anglais *tea* englobe non seulement le thé, mais également toutes sortes d'infusions, de tisanes, de décoctions) occupe une place centrale dans la vie des Anglais et dans le parler des anglophones. Quelques exemples :

EXPRESSION	TRADUCTION LITTÉRALE	SENS
Not my cup of tea	Pas ma tasse de thé	Pas mon truc
Read the tea-leaves	Lire dans les feuilles de thé	Lire dans le marc de café
Tea and sympathy	Thé et compassion	Consolation à une personne en détresse, avec les moyens du bord
Tea cake	Gâteau pour le thé	Brioche aux raisins secs[1]
Tea gown	Robe pour le thé	Robe d'après-midi[2]
Tea kettle	Bouilloire à thé	Bouilloire
Tea plate	Assiette à thé	Petite assiette
Tea spoon	Cuillère à thé	Petite cuillère
Tea towel/cloth	Serviette/linge à thé	Torchon à vaisselle
Tea trolley	Chariot à thé	Table roulante
A vicarage tea-party	Un thé au presbytère	Un événement sans relief

1. En fait, il en existe de nombreuses recettes assez différentes les unes des autres.
2. Portée dans les années 1920.

*Braver l'***orage**

On a fait une erreur, une gaffe, une bourde : on va se faire tirer les oreilles, ou pire. Que faire ? Prendre son courage à deux mains et « faire face à la musique », **face the music**. L'origine la plus communément signalée pour cette expression relève du domaine militaire : la dégradation d'un soldat s'effectuait autrefois (nous sommes en Angleterre) au son de roulements de tambour. On dit que la fonction de cet accompagnement musical était d'attirer l'attention alentour, et de mettre en garde d'autres soldats contre de coupables errements. D'où une autre expression assez commune en anglais, *drum someone out*, littéralement « chasser quelqu'un au son du tambour », autrement dit, l'expulser.

Les amateurs de comédies musicales connaîtront l'expression **face the music** grâce à une chanson composée par Irving Berlin en 1936 : « Let's Face the Music and Dance ». Dans le film *En suivant la flotte* (1936), Fred Astaire et Ginger Rogers dansent merveilleusement sur cet air, dont les paroles véhiculent un message hédoniste.

Pour un **oui**, *pour un non*

Si vous réagissez à tout propos, sans beaucoup réfléchir et en tout cas sans hésitation – en somme si un rien vous met

en action – c'est que vous *démarrez au quart de tour*. L'image de la manivelle pour démarrer les voitures anciennes disparaît progressivement de nos mémoires, mais l'expression reste. Moins proche de la mécanique automobile, mais avec le même sens général, l'expression *pour un oui, pour un non* date, elle, du XVIe siècle. De la même période, l'expression voisine *au pied levé* signifie sans préparation. En anglais, on dira **at the drop of a hat** (littéralement, «lorsqu'un chapeau tombe»). Autrefois, dans l'Amérique naissante, pour marquer le début d'un combat (de boxe ou de catch), on jetait un chapeau au sol. Le fait de jeter son chapeau a fourni une autre expression à l'anglais américain : **throw your hat into the ring**[1], se porter candidat. En décembre 2006, le *Chicago Magazine* demandait à diverses personnes en vue si elles pensaient que Barack Obama devait se porter candidat à la présidence en 2008. Voici la réponse de la journaliste Arianna Huffington : *«If Barack Obama believes he has something unique to offer, I would encourage him to throw his hat into the ring»* («Si Barack Obama croit avoir quelque chose d'unique à proposer, je l'encouragerais à se porter candidat»).

1. Ou bien *toss your hat into the ring*. Il s'agit ici du ring de boxe ; en y jetant son chapeau, on montrait que l'on désirait participer au combat – faire un tour de piste, si on peut dire.

C'est un **ours** *mal léché*

Une personne qui est *ours* – peu loquace, ou peu amène, souvent par timidité – n'est pas forcément un *ours mal léché*. L'expression remonte à une croyance ancienne selon laquelle les oursons naissaient informes, et que c'est en les léchant que leurs mères les façonnaient. Rabelais y fait longuement allusion[1]. Le parallèle avec l'homme est facile à deviner : la personne qui n'a pas été formée aux belles manières de la société, qui n'a pas été (bien) élevée, c'est un grossier personnage, en un mot, un malotru.

En anglais, on dira d'un *ours mal léché* que c'est un **boor**. Derrière ce mot se cache toute une histoire de dénigrement légèrement xénophobe. Il fut adopté par l'anglais au XVIe siècle, du bas allemand *bûr*, ou bien du néerlandais *boer*, et désignait alors un paysan allemand ou néerlandais[2]. De là, la signification glisse vers un sens plus général : un paysan, un rustique manquant de raffinement, un rustre. Et, enfin, un mufle.

1. « Un procès, en sa naissance première, me semble, comme à vous autres, messieurs, informe et inachevé. Comme un ours à sa naissance n'a ni pieds, ni mains, ni peau, ni poil ni tête : ce n'est qu'une pièce de chair grossière et informe ; l'ourse, à force de la lécher, la met en perfection de ses membres [...] » (*Pantagruel*, Tiers Livre, chapitre 42).
2. Les Boers qui s'installèrent au XVIIe siècle en Afrique du Sud.

Des **oursins** *dans la poche*

Pingre, radin, rapiat, ou tout simplement avare? Évidemment, impossible de mettre la main au porte-monnaie si la poche est remplie d'oursins.

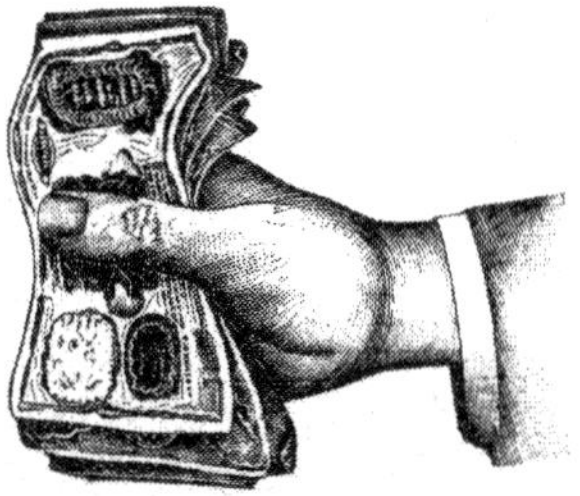

Qui a eu affaire à des oursins en bord de mer sait qu'il faut à tout prix éviter leurs piquants.

L'anglais offre une belle brochette dans ce champ sémantique, mais les vocables ne sont pas d'une grande élégance. Tout d'abord, ce qui est peut-être une allusion maritime : **cheapskate** (littéralement, « raie à deux sous[1] »). Quant à **skinflint** (littéralement, « éplucheur de silex »), qui date de 1700, il ferait allusion à une personne radine au point de peler une pierre à feu. Dans le même ordre d'idée, l'anglais américain avait jadis une jolie formule pour désigner un radin : *he'd skin a flea for its hide and tallow* (« il écorcherait une puce pour en avoir la peau et le suif »).

À cette sympathique assemblée de grigous, ajoutons-en deux qui ont des sous mais ne veulent pas s'en séparer. D'abord le **tightwad** (« liasse serrée ») : il tient si serrée sa liasse de billets qu'il ne peut en décoller un seul. Dernier personnage (plus récent, davantage américain), celui dont les bras sont courts et les poches profondes, **short arms and deep pockets**.

1. Mais les experts se battent encore : le mot *skate* désigne également un patin (à glace, par exemple).

P

Une **pagaille** *monstre*

Étrange lien entre *pagaie* et *pagaille*: la seconde serait née de la première. Dans l'univers nautique, la pagaie, on connaît. Le mot *pagale* (avec un *l* et sans *i*) existait au XVIIIe siècle dans une expression telle que *jeter des objets en pagale*: « les jeter en désordre dans la cale d'un navire ». Il semble que *pagale, pagaïe* et puis *pagaille* renvoient à la pagaie, à cause des mouvements désordonnés qui caractériseraient l'usage de ce genre de rame. Les adeptes du kayak et autres canoteurs – il fallait s'y attendre – rejettent unanimement cette interprétation. Mais les lexicographes l'approuvent comme un seul homme. Allez savoir.

L'expression anglaise pour désigner un fouillis monstre, une scène de désordre complet, c'est **shambles**. Voilà un mot qui a fait un fabuleux chemin. Suivons-le par étapes: au XIIIe siècle, il désignait un petit tabouret, un repose-pied, puis un étal de marché; au XIVe siècle, le sens se restreint, et le mot désigne un étal de boucher. Au XVe siècle, il désigne un marché où se trouvent des bouchers ou des poissonniers[1], puis, au XVIe, un abattoir. À la fin du XVIe siècle, un lieu de carnage (mais sans lien avec le métier de boucher ; par exemple un champ de bataille jonché de morts). L'évolution du sens du mot ralentit, et nous voilà en 1926 avec l'acception que nous connaissons aujourd'hui : un désordre total.

L'anglais offre une autre manière de décrire une telle situation, en se focalisant sur le moment où la pagaille éclate : **all hell broke loose** (littéralement, « tout l'enfer fut libéré »).

Envoyer paître

Envoyer paître quelqu'un, c'est, à première vue, l'envoyer dans une prairie pour se nourrir avec les bovidés ; mais l'on sait que c'est en fait *l'envoyer promener*. Il peut être surprenant d'apprendre qu'au Moyen Âge le verbe *paistre* signifiait, pour les chrétiens, « conduire au salut » ; son sens propre (« nourrir », en particulier s'agissant d'herbivores) est moins pour nous étonner.

1. D'ailleurs, dans la ville de York (Angleterre) existe encore aujourd'hui un quartier nommé The Shambles, où se situait ce genre de marché au Moyen Âge.

Pour analyser la locution anglaise équivalente, il va falloir examiner un verbe que l'on n'utilise guère aujourd'hui, mais qui entre dans deux expressions très usitées. *Shrive* signifie absoudre, confesser. *Shrove Tuesday*, c'est le *Mardi gras* français ; autrefois, les croyants couraient à confesse ce jour-là pour se faire absoudre avant carême.

Et voici notre **give someone short shrift**, littéralement « donner une courte absolution », qui signifie aujourd'hui envoyer promener. À l'origine, cette formule décrivait la situation suivante : un criminel condamné à mort prenait la direction de l'échafaud (au XVIIe siècle, l'exécution de la peine s'effectuait très rapidement après la sentence). Il fallait rapidement confesser le criminel pour lui donner l'extrême-onction, et puis l'envoyer à la mort. En un mot, lui proposer une pénitence rapide, une absolution sur le pouce.

Mettre dans le même **panier**

Comment lier le français *à mettre dans le même panier* (avec son côté négatif) et l'expression anglaise équivalente, **tarred with the same brush**, littéralement, « ayant reçu un même coup de pinceau plongé dans le goudron » ? À l'origine, l'expression anglaise n'avait rien de désobligeant : le berger se servait de goudron pour protéger ses bêtes contre les insectes qui attaquaient leurs blessures et – comme il est impossible de marquer les moutons au fer rouge – pour identifier les ovins de son troupeau, par un trait de pinceau goudronné.

Alors que ces deux traitements furent bénéfiques aux moutons, l'expression a perdu toute valeur positive aujourd'hui, peut-être sous l'influence d'une autre expression, désignant une forme de torture et d'ostracisme : *tarred and feathered* (« couvert de goudron brûlant puis de plumes »). Cette punition fut mise au point en Angleterre en 1189 pour sanctionner les marins ayant commis un vol ; il est dit qu'au XVIIe siècle un évêque anglais l'imposa aux moines et nonnes incontinents. Et on connaît son usage aux États-Unis, il n'y a pas si longtemps que cela.

Mettre le **paquet**

Si les autorités lexicographiques semblent s'accorder pour dire que le paquet dont il est question est une liasse de billets de banque, elles se disputent encore quant au contexte de naissance et quant à la définition de l'expression. Laissons-les à leurs querelles.

Loin du monde de l'argent, l'équivalent en anglais peut vous conduire dans une église, dans une forge, voire vers un rituel musulman décrit par un poète du XVIIIe siècle. À l'église, allons vers l'orgue, pour examiner de près les *tirants de registre*, les *jeux* (que vous et moi appellerions les « boutons » ou les « tirettes » autour du clavier). En actionnant certains d'entre eux, l'organiste choisit le timbre de son interprétation. Imaginons qu'il les actionne tous en même temps : **pull out all the stops** (littéralement, « retirer tous les bouchons »), c'est-à-dire tirer sur tous les tirants de registre, de sorte que tous les jeux soient simultanément actionnés : faire donner toute la fanfare, en somme. Ce serait mettre le paquet, assurément ! À la forge, y aller **hammer and tongs**, c'est y aller fort, « avec marteau et pinces », deux outils essentiels au forgeron.

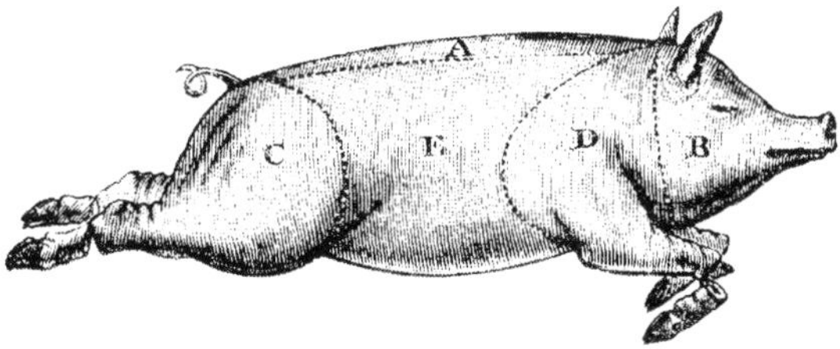

Quant au rituel musulman, dans un poème satirique, William Cowper se moque gentiment de ce qu'il perçoit comme l'ambiguïté des restrictions concernant la consommation de porc dans l'islam. Le Prophète affirme, dit-il, que, dans chaque porc, il y a une partie qui ne doit pas être consommée : quelques fidèles auraient mangé un à un les différents morceaux d'un porc en attendant qu'un signe du Ciel leur indique la partie défendue, jusqu'à… ce qu'il n'en reste plus. **They went the whole hog** (approximativement : « ils sont allés jusqu'au bout du cochon »). Aujourd'hui, les anglophones, tout en ignorant les origines antireligieuses de l'expression, s'en servent à cœur joie.

Une place au **paradis**

Nous sommes au théâtre, et bien vivants. Depuis 1606, la galerie supérieure d'un théâtre, où les places sont les moins chères, se nomme en français le *paradis*. En 1834, un mot aussi évocateur, mais bien moins céleste, est venu concurrencer ce paradis : le *poulailler*. Dans les deux cas, le terme désigne à la fois le lieu et ses locataires.

On le sait, le plafond de certains théâtres était décoré de fresques représentant des héros de la mythologie dans leurs cieux. Rien d'étonnant, donc, à l'appellation première en français et son équivalent le plus proche en anglais, **the gods** (littéralement, « les dieux » ; première occurrence, 1752). Assister à un spectacle là-haut vous rapprochait du firmament et de ses occupants.

À peine un siècle plus tard, en plein vaudeville, l'anglais trouve à son tour une appellation, plus triviale, au *paradis* : **peanut gallery** (littéralement, « galerie des cacahuètes »). Cette expression possède un petit côté péjoratif ; d'ailleurs, certains auteurs affirment que le public qui se tenait là, à manger des cacahuètes, en faisait pleuvoir les coques non seulement sur les acteurs qui ne trouvaient pas grâce à leurs yeux, mais également sur les spectateurs plus distingués placés au-dessous d'eux. Ces places haut perchées étant les moins chères, ceux qui les occupaient étaient souvent peu élégants et, disons-le, plus tapageurs. D'où l'extension de sens pour désigner des gens dont on méprise l'opinion, considérée comme peu digne d'intérêt. D'où l'expression *no comments from the peanut gallery*, qui signifie approximativement : « pas de commentaires de la part de cette frange d'humanité dont l'avis nous indiffère ».

C'est **partie** *remise*

Partie remise, certes, mais partie de quoi ? Les spécialistes restent assez discrets sur la question. Et quand on sait que Marivaux se servit souvent de cette expression, on se prend à douter[1]... Quoique d'allure plus obscure, la tournure anglaise (plutôt américaine), **rain check**, s'explique aisément. Vous allez à un match de base-ball ; il se met à pleuvoir ; le match est reporté. La souche (ou le reçu) de votre billet servira de ticket d'entrée pour le match reprogrammé ; littéralement, elle constitue un « chèque pour cause de pluie ». Aujourd'hui, l'expression s'étend dans tous les domaines. Vous m'invitez à dîner chez vous ; j'ai quelque chose d'autre de prévu ce jour-là, mais j'aimerais bien accepter : « On peut remettre ça à une autre fois ? » (*« Can I take a rain check on that ? »*) L'anglophone

1. Partie de jambes en l'air ? (*roll in the hay*, littéralement, « roulade dans le foin »). Partie carrée ? (*wife-swapping party*, littéralement, « séance d'échange d'épouses »). Partie fine ? (*orgy*). Parties honteuses ? (*privates, private parts*, littéralement, « parties privées »).

ne perçoit plus du tout le sens du mot *chèque* dans cette expression, et son origine sportive est également oubliée.

Se mettre dans la **peau** *d'autrui*

Se mettre dans la peau de quelqu'un, c'est s'identifier à lui, se mettre à sa place. La langue anglaise formule cette notion de façon plus prosaïque ; on s'imagine dans les souliers de quelqu'un : **put yourself in someone's shoes**. Il existe une autre expression qui tourne autour de cette idée. Lorsqu'une personne quitte son travail, par exemple, on peut se demander si son remplaçant (ou successeur) saura bien prendre sa place : *will he be able to fill your shoes?*

Ce n'est pas pour autant que l'anglophone répugne à parler de son corps ou de sa peau, ni de ses tripes, d'ailleurs. Quelques autres expressions en attestent. L'expression française *sauter au plafond* (de peur, non de rage ; voir *péter les* **plombs**) donne en anglais **jump out of your skin** (littéralement, « sauter hors de sa peau »). Si vous êtes insensible aux souffrances d'autrui, on peut vous accuser d'avoir la peau épaisse – ce qui est la caractéristique des pachydermes – et donc d'être *thick-skinned.* Et si vous l'êtes au point de mettre en colère votre entourage, jusqu'à ce que l'on vous dise *j'aurai ta peau,* en anglais britannique ce sera **I'll have your guts for garters** (littéralement, « je me ferai faire des jarretières avec tes boyaux »). Un fantasme qu'entretiennent les Anglais depuis le XVIIe siècle.

Ça ne vaut pas un **pet** *de lapin*

Depuis le XVIIIe siècle, le pet, en français, exprime l'idée de quelque chose de peu d'importance. Vers la fin du XIXe siècle, *ça ne vaut pas un pet* fut progressivement remplacé par *ça ne vaut pas un pet de lapin* (en passant, semble-t-il, par l'expression *ça ne vaut pas un pet de coucou*). Les experts n'expliquent pas quelle est la valeur particulière du pet de lapin par rapport à celui d'autres animaux.

En anglais, la métaphore est tout autre. Au XVIIIe siècle, on disait **it's not worth a damn** (« cela ne vaut même pas qu'on se donne la peine de blasphémer ») ; en 1839, le philosophe américain Thoreau ajoute une précision : **it's not worth a tinker's damn** (« cela ne vaut pas un juron de rétameur »). Aujourd'hui, l'expression la plus communément utilisée est la plus ancienne. Ce juron putatif est également présent dans une autre expression, **not give a damn** (« s'en ficher », « s'en foutre »). À la fin des années 1960, le chanteur Joe McDonald eut un succès retentissant avec sa *protest song* contre la guerre au Viêtnam :

> *And it's one, two, three, what are we fighting for?*
> *Don't ask me I don't give a damn,*
> *Next stop is Vietnam*[1].

1. « Et un, deux, trois, pourquoi on se bat ? / Ne me le demande pas, je m'en fous / Prochain arrêt : Viêtnam. »

Il **pète** *plus haut que son cul*

Depuis plus de quatre cents ans, *péter plus haut que son cul* signifie être vaniteux, *avoir la grosse tête.* Pierre Larousse offre une expression ayant le même sens, mais que l'on n'entend plus : « *Il est glorieux comme un pet, qui chante dès qu'il est né*: se dit d'un homme extrêmement vain[1]. » L'anglais véhicule cette notion de prétention de façon plus gentillette : **he thinks he's the cat's whiskers** (« il se prend pour la moustache du chat ») ou bien – mais cette expression britannique commence à faire un peu vieillotte – **he thinks he's the cock of the walk** (« il pense être le coq du promenoir »). Plus simple et plus moderne : **he's cocky** (« il est comme un coq »). Terminons par une locution qui remonte au héros de la Conquête de l'Ouest, Davy Crockett : **he's too big for his breeches** (« il est trop grand pour son pantalon », 1835) puis, quelques années plus tard : **he's too big for his boots** (« il est trop grand pour ses bottes »).

☞ *Il se croit sorti de la* **cuisse** *de Jupiter* • *Le* **roi** *n'est pas son cousin*

1. *Grand Dictionnaire universel* (1865-1876).

Péter *dans la soie*

Les plus prudes diront *naître dans la soie*, les moins coincés, *péter dans la soie*. Mais c'est dans les deux cas la même chose : vivre dans l'opulence, dans un luxe excessif. Si, au départ (1932), cette expression signifiait « porter du linge fin », le sens s'est élargi pour inclure ceux qui ont les moyens de s'offrir non seulement du linge fin mais aussi toutes sortes d'autres luxes.

L'équivalent en anglais, c'est **live in the lap of luxury** (littéralement, « vivre sur les genoux[1] du luxe », « dans le giron du luxe »). Charles Dickens emploie cette tournure dans *Les Temps difficiles* : *« Come, ma'am, you know you were born in the lap of luxury. »* Traduction française de ce passage : « Voyons, vous savez bien que vous êtes née au sein de l'opulence[2]. »

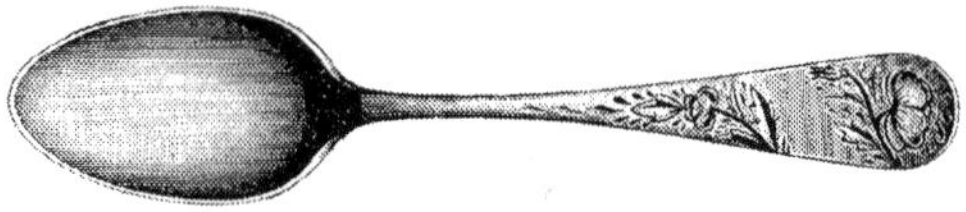

Une autre locution anglaise véhicule la même idée en ajoutant une petite nuance, celle d'avoir vécu dans l'opulence depuis le début : **be born with a silver spoon in your mouth** ; *naître avec une cuillère d'argent dans la bouche* est sa traduction française. Elle viendrait d'une tradition assez répandue en Europe parmi les classes aisées au

1. Le mot *lap* désigne le dessus des cuisses, lorsqu'on est assis. ☞ **Chien** *de salon*.

2. Ce roman de Dickens (*Hard Times*) date de 1854, la traduction française de Lorrain et Hughes (*Les Temps difficiles*) de 1880. La première attestation de l'expression en anglais remonte à 1801.

XIXe siècle : à la naissance d'un enfant, la marraine ou le parrain offrait une cuillère en argent à son (sa) filleul(e). Cela contrastait visiblement avec les pratiques des pauvres, qui se servaient de cuillères en bois ou en étain. Ainsi serait née l'expression. Sa première attestation dans l'*Oxford English Dictionary* date de 1800, mais certains murmurent qu'une traduction anglaise de *Don Quichotte* (celle de Peter Motteux, 1712) comportait déjà la formule.

Dans le **pétrin**

Qu'ont donc en commun les expressions françaises *dans le pétrin, dans la panade*[1] et *dans la purée*? La même chose que leurs équivalents anglais **in a mess** et **in a jam** : on s'y trouve parmi une masse d'aliments, mélangés à un point tel qu'il est difficile d'en identifier ou d'en extraire une seule composante.

D'abord *mess*, qui vient du français *mets*: une des acceptions de ce terme est «part de nourriture très liquide ou

1. Ce mot vient du provençal *panado*, soupe faite avec du pain.

sous forme de purée ». Nous y sommes. Et *jam*? On sait que ce nom désigne la confiture, et ces messieurs d'Oxford se demandent si son origine n'a pas partie liée avec le verbe *jam* qui, entre autres choses, désigne l'action d'entasser, de bourrer (l'image serait celle de fruits entassés).

Il n'est pas nécessaire d'expliquer *dans la merde* (ni ses équivalents *dans la mouise, dans la mouscaille*). L'anglais possède quelques équivalents du même acabit, tout d'abord **in a fix**, d'allure innocente, jusqu'à ce que l'on apprenne qu'une source possible de ce terme serait le mot latin *faeces* (matière fécale). Une autre expression, en elle-même anodine – **up the creek without a paddle** –, évoque la difficulté de remonter une rivière (*creek*) en canot sans disposer de la moindre pagaie. Si la situation est plus grave et que l'on parle un anglais un peu plus relâché : *up shit creek without a paddle.*

☞ *Dans de beaux* **draps**

Bon **pied**, *bon œil*

Être en pleine santé, voilà tout ce que l'on peut souhaiter à quelqu'un. Il semble que deux anciennes expressions (*avoir bon pied* : être fort, stable, alerte ; *avoir bon œil* : être franc) aient muté en une seule, celle que l'on connaît. Naturellement, on peut également *se porter comme un charme.*

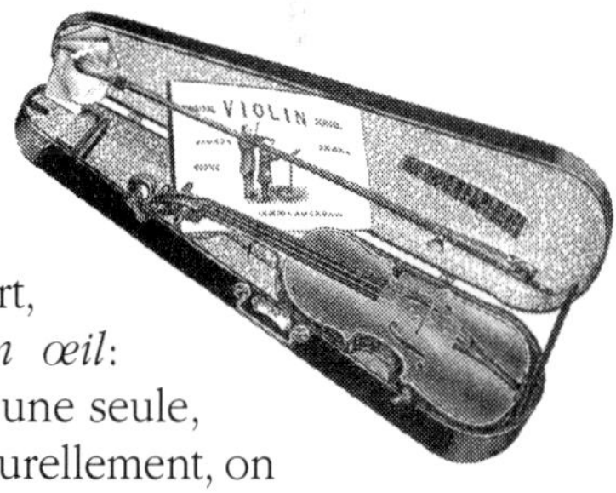

Autrefois, les spécialistes ont voulu croire que le charme en question était ce petit arbre, arguant qu'il était « un des plus beaux arbres de futaie[1] ». Les autorités modernes évoquent le mot *charme* sous son acception de puissance magique : on se porte merveilleusement bien, comme sous une influence magique.

En anglais, une simple comparaison suffit : on est **as fit as a fiddle**[2]. À l'origine, cette formule aurait été traduite par « qui se porte aussi bien qu'un violon » ; à présent, « qui a la forme d'un violon » (attention, *forme* est à entendre ici comme condition physique, et non pas apparence ni contours). Depuis les quatre cents et quelques années que cette expression existe en anglais, son origine précise s'est perdue ; certains soutiennent mollement que, par métonymie, le nom de l'instrument désignait le violoneux, et qu'il fallait avoir une certaine forme pour manier l'archet des heures pendant les noces et banquets de campagne. Pourquoi pas ?

Faire un **pied** *de nez*

Inutile de faire un dessin : on connaît parfaitement cette expression, son sens et le geste qui la concrétise.

L'anglais offre deux tournures équivalentes. La première, plutôt littéraire, est entourée de mystère, puisque les experts

1. Maurice Rat, *Dictionnaire des expressions et locutions traditionnelles*, Larousse, 1957.

2. À noter que si aujourd'hui *fiddle* désigne un violon de piètre qualité, ou un violon dont on joue dans un bal populaire, il n'en a pas toujours été ainsi.

ne peuvent expliquer ni le sens ni l'origine des termes qui la composent : **cock a snook**. L'expression date de 1791, et elle est encore utilisée de nos jours. On connaît mieux **thumb your nose** (1854). Si, aujourd'hui, le geste s'effectue avec un petit battement des doigts, il semble que, dans l'Angleterre d'autrefois, on pouvait faire passer le message en mettant le pouce dans la bouche, tout en gardant la main en forme de poing : des gravures anciennes l'attestent. À l'époque, le geste se nommait tout simplement *thumb-biting* (« mordre le pouce »). Dans *Roméo et Juliette*, tout un passage tourne autour de ce geste. Extrait :

> SAMSON – *Moi, je me mords le pouce en les regardant ; une injure pour eux, s'ils le supportent.*
> ABRAM – *Est-ce à notre adresse que vous faites ce mouvement-là ?*
> SAMSON – *Je mords mon pouce, monsieur.*
> ABRAM – *Est-ce pour nous narguer, monsieur ?*
> SAMSON (à Grégoire) – *Aurons-nous la loi de notre côté, si je réponds oui ?*
> GRÉGOIRE – *Non.*
> SAMSON (à Abram) – *Non, monsieur ce n'est pas pour vous narguer. Mais je me mords le pouce.*[1]

☞ *Faire un* **bras** *d'honneur*

Pied-de-poule

Dans le sens « tissu d'armure croisé, de deux couleurs, en chaîne et en trame, et formant une sorte de damier empiétant[2] », *pied-de-poule* est un terme relativement récent,

1. W. Shakespeare, *Roméo et Juliette*, traduit par Daffry de la Monnoye, 1886.
2. *Nouveau Larousse ménager*, 1955.

puisqu'il date du XXe siècle. Même datation pour l'équivalent anglais **hound's tooth** (littéralement, « dent de chien[1] »).

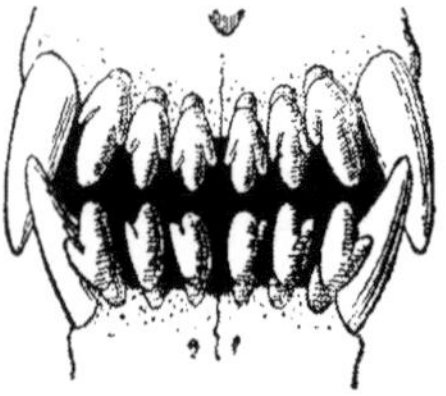

De prime abord, on ne trouverait aucun lien entre les deux vocables. Regardons-y de plus près. Quelles sont les autres définitions de *pied-de-poule* dans les dictionnaires français? Prenons le *Trésor de la langue française*. Avant de proposer l'acception du monde textile, il propose une première définition dans le domaine de la botanique : tout d'abord, « variété de renoncule rampante » et puis « variété de chiendent ». Tiens, tiens, cela ne serait pas si loin de la dent du chien. Le sens botanique de ce terme existe depuis le XVIIIe siècle.

Serait-il possible que la plante nommée *chiendent* se nomme *hound's tooth* en anglais? Pas de chance, *Elymus repens* se nomme bien *chiendent* en français, mais *couch grass* en anglais.

Le *Nouveau Larousse illustré* (1898-1904) offre l'explication suivante quant à l'origine du mot *chiendent*: « [...] de *chien* et *dent*, à cause de l'habitude qu'ont les chiens de se purger avec cette plante, ou, selon d'autres, à cause de certaines griffes qui croissent sur sa racine, et qui ressemblent à des dents de chien. »

Explication habituelle du **hound's tooth** (la formule entière est **hound's tooth check**, « carreaux en dents de chien ») : un motif fait d'angles à la fois brisés et réguliers formés par les deux rangées de dents empiétant l'une sur l'autre dans la

1. Chien de chasse à courre plutôt que le *dog* que chacun connaît ; ce mot vient de l'allemand *hund*. Vous en avez peut-être entendu parler : Conan Doyle écrivit un roman intitulé *The Hound of the Baskervilles* (en français, *Le Chien des Baskerville*).

gueule d'un chien. Mais on ne trouve nulle part de mention d'un éventuel calque sur l'expression française. À votre avis, cette information est-elle à communiquer d'urgence à ces messieurs d'Oxford?

Un jour à marquer d'une **pierre** *blanche*

Ce jour-là est inoubliable. Les spécialistes francophones évoquent toutes sortes d'histoires de pierres (blanches, noires) pour expliquer l'expression: les deux cailloux que possédaient certains juges dans l'Antiquité, blanc pour innocent, noir pour coupable; les pierres blanches qui, dans la philosophie tibétaine, marquent les pensées positives (et les noires les pensées négatives, naturellement). Y croyez-vous?

En anglais, le lien avec le jour est évident: il s'agit d'un **red-letter day**. Les jours marqués d'une lettre rouge se rencontrent dans les calendriers religieux du Moyen Âge: le scribe inscrivait à l'encre rouge les dates de certaines festivités. Publié en 1549, *The Book of Common Prayer* («Livre de la prière commune») a donné son envol à l'expression dans le monde anglophone, puisqu'il comportait un calendrier où tous les jours saints étaient marqués à l'encre rouge[1].

1. Le français connaît cette lettre sous un autre angle: le mot *rubrique* vient du latin *rubrica* (terre rouge, craie rouge, couleur rouge); dans un manuscrit, ce terme désignait les titres écrits en rouge; dans un missel ou un bréviaire, les *rubriques* désignent encore les gestes à accomplir, pour les distinguer des *prières* écrites en noir.

La toute première citation de **red-letter day** dans l'*Oxford English Dictionary* est un texte de Caxton, le Gutenberg des Anglais, si l'on peut dire ; il y explique l'usage des lettres rouges en imprimerie pour marquer certains jours de fête importants.

Pierre, *Paul, Jacques*

Qui donc est le quidam? En latin, on le connaissait, ce quelqu'un, mais on ne disait pas son nom. En français, on le désigne, mais on ne connaît pas son nom. On y sent souvent un petit côté railleur. *Pierre, Paul, Jacques*, évidemment le trio aurait semblé plus sérieux – ou en tout cas plus catholique – s'il s'était agi de *Jean* en numéro trois[1]. Vous connaissez naturellement *Tartempion*, qui sévit en français depuis les années 1830 (entre autres, il a souvent figuré dans le *Charivari*). Reste *M. Toutlemonde, M. Untel, Mme Michu* et compagnie.
L'anglais propose également un trio : **Tom, Dick and Harry**. Déjà, cette forme familière de « Thomas, Richard et Harold » met l'accent sur l'aspect décontracté de la triplette, née au

1. Sachant que *faire le Jacques*, c'est faire l'idiot…

XVIIIe siècle. Souvent, ce tiercé est utilisé pour signifier « n'importe qui » ; par exemple, *I don't want my daughter marrying just any Tom, Dick or Harry* (« Je ne veux pas que ma fille épouse n'importe qui »).
En Angleterre, on connaît depuis la Seconde Guerre mondiale **Joe Bloggs** et **Joe Public**, et en Amérique du Nord **Joe Blow, John Q. Public** et **John Q. Citizen** (ainsi que **Jane Q. Citizen**), qui sont les *Untel* et *Unetelle* anglo-saxons. Reste **John Doe**, assez répandu dans le monde anglophone, puisque c'est le nom attribué par la police, la médecine légale ou la justice à une personne dont l'identité est inconnue (parfois pour cause d'amnésie) ou doit être protégée.

Au pif

Faire quelque chose *au pif, au pifomètre*[1], c'est le faire au flair, au jugé, à l'estime, sans s'attarder sur les détails ou les mesures exactes. La tournure anglaise la plus proche fait appel à une autre partie de l'anatomie : les fesses. Explication. Nous sommes en Amérique du Nord, par exemple dans le Grand Nord canadien, au milieu du XXe siècle. Dans un petit avion à hélice dont l'équipement de bord est des plus élémentaires, le pilote doit naviguer sans visibilité et sans grande assistance technique, à travers un brouillard à couper au couteau. Comment sait-il si l'avion monte ou descend, ou même –

1. *Pif* date de 1821, *pifomètre* de 1928.

attachez vos ceintures ! – s'il vole à l'endroit ou à l'envers ? Eh bien, grâce à la pression exercée au niveau de ses fesses par son sac à parachute, dont la sensation le renseigne de façon assez concrète, sinon mathématique. D'où **seat-of-the-pants flying** (littéralement, « voler au fond de culotte »). La technologie aidant, l'expression a quitté le monde de l'aéronautique et s'applique désormais aux situations où l'on agit instinctivement, spontanément, en se fiant à un instinct né de la pratique plus qu'à une approche scientifique. Un papier paru dans le *Huffington Post* en avril 2010 affirmait : « *Only seat-of-the-pants politicians such as Sarah Palin really understand the American people* » (« Seuls les politiques qui fonctionnent au jugé, comme Sarah Palin, comprennent vraiment le peuple américain »).

Il faut avaler la **pilule**

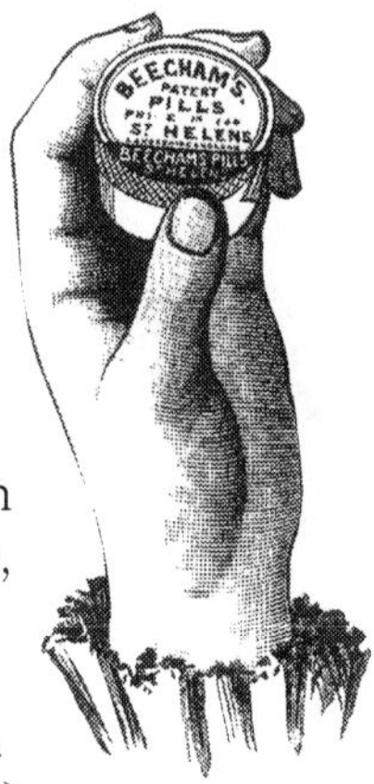

Selon Richelet, un des premiers lexicographes français, *faire avaler la pilule à quelqu'un*, c'est « lui faire faire une chose à quoi il a beaucoup de répugnance ». On imagine que de son temps (Richelet est mort en 1698), les pilules devaient être énormes et avoir un très mauvais goût. Dans la même veine, l'homme politique et écrivain anglais Horace Walpole évoque dans son journal intime « une pilule amère qu'il faudra avaler », **a bitter pill to swallow** (1779) : une chose pénible qui devra être supportée.

Une autre expression anglaise évoque également quelque chose qui ne doit pas être agréable en bouche, une balle

d'arme à feu : **bite the bullet** (« mordre la balle », 1891 ; la première citation relevée par l'*Oxford English Dictionary* est de Kipling). Est évoqué non seulement le fait de devoir faire quelque chose de très désagréable – d'ailleurs, l'expression anglaise est souvent précédée du verbe devoir, *have to bite the bullet* –, mais également l'idée que l'on s'est résigné à devoir en passer par là, et qu'il faut maintenant faire preuve de courage. L'explication la plus communément acceptée, quant à l'origine de la locution anglaise, est la suivante : lorsque, au XIXe siècle, un médecin militaire opérait un blessé sur le champ de bataille, sans anesthésie, il donnait à ce dernier une balle à mordre pendant l'intervention, histoire de dissiper un peu la douleur. La balle, en plomb, était relativement molle, et le patient ne risquait pas de se casser les dents.
Aujourd'hui, l'expression a quitté l'hôpital de campagne et sert, au figuré, dans mille autres domaines.

☞ *Avaler des* **couleuvres**

À ne pas prendre avec des **pincettes**

De quelles pincettes s'agit-il ? Eh bien, de l'instrument de fer à deux branches qui sert à déplacer les tisons dans le feu. À l'origine, une chose était *à ne pas prendre avec des pincettes* parce qu'elle était sale. C'était son seul défaut. En français.
Chaucer introduisit en anglais l'idée selon laquelle une chose ou une personne qui nous répugne est à ne pas

toucher (même) avec des pinces – en anglais, *tongs*[1] –, et une expression assez proche du français fit carrière en anglais jusqu'au XIXe siècle. Dickens s'en servit dans *Les Temps difficiles* en 1854 : *« I was so ragged and dirty that you wouldn't have touched me with a pair of tongs »* (« J'étais si déguenillé et si sale que vous ne m'auriez pas touché avec des pincettes[2] »). Mais elle céda progressivement la place à deux autres formules. L'Anglais dit **I wouldn't touch it/him** (etc.) **with a bargepole** (« je ne le toucherais pas même avec une gaffe de péniche »), et l'Américain précise qu'il ne lui suffirait pas d'une perche de 3,04 m en pareille circonstance : **I wouldn't touch it with a ten-foot pole**[3]. La notion de saleté a disparu, et le sens s'est élargi. Aujourd'hui, l'expression signifie simplement « refuser d'avoir affaire à quelqu'un ou quelque chose ».

Casser sa pipe

En français : mourir. Abordons quelques formules familières telles que *clamser*, *casser sa pipe* et *passer l'arme à gauche*. Les conjectures abondent quant à leurs origines ; je vous propose une seule version pour chaque. La pipe dont il est question dans la première expression, vous en avez peut-être entendu parler dans *Zazie dans le métro*[4], lorsque Trouscaillon affirme « J'ai la confession qui m'étrangle la pipe » : c'est le gosier, la gorge, la trachée-artère pour être

1. Le mot *tongs* sert principalement dans l'art culinaire, ou la mécanique.
2. Traduction de William Hugues, 1880.
3. Un *foot* (pied) équivaut à 0,3048 m. La gaffe ou perche dont il est question ici est celle qui sert à manœuvrer une embarcation, une barque à fond plat, par exemple.
4. Roman de Raymond Queneau (1959) porté à l'écran l'année suivante par Louis Malle.

plus précis[1]. Quand on ne peut plus respirer, eh bien… on *passe l'arme à gauche.* Et l'arme dont il est question, c'est l'épée, que le duelliste arrache à la main (droite) de son adversaire ; en lui faisant passer l'épée à gauche (impossible pour le rival de la reprendre dans la main droite, car pour ce faire il faudrait presque tourner le dos), il prend le pouvoir… de faire passer son adversaire de vie à trépas.

De prime abord, on pense que l'anglais **kick the bucket** signifie « donner un coup de pied dans le seau ». On pense au pendu dans la grange, un seau à lait renversé sous ses pieds. « Non, non », nous répondent ces messieurs d'Oxford, ce *bucket* est tout autre : une sorte de trébuchet où, autrefois, étaient suspendus par les pieds les cochons fraîchement égorgés ; leurs ultimes soubresauts auraient-ils donné l'expression telle qu'on la connaît aujourd'hui ? Quant à **snuff it**, son sens premier, « moucher [une bougie, une chandelle] », en explique le sens figuré, celui de mourir. D'où les *snuff films/movies,* films (généralement porno, tendance SM grave) réputés mettre en scène de véritables meurtres.

Rappelons, en conclusion, que ces expressions sont tout ce qu'il y a de plus familier : à éviter dans les soirées huppées !

1. D'ailleurs, en anglais, on la nomme parfois *windpipe*, littéralement, « tuyau à air ».

Autant **pisser** *dans un violon*

C'est vraiment décevant. Vous vous attendiez, comme moi, à découvrir enfin l'explication de cette expression saugrenue. Las! Les experts affirment, platement, qu'elle serait née de « siffler/souffler dans un violon », locution qui devait véhiculer l'idée que souffler dans un instrument qui n'est pas un instrument à vent, cela ne sert à rien. On aurait pu dire « gratouiller un saxophone », « tambouriner sur une trompette », mais non, on a préféré souffler dans un violon et puis, pour ajouter un effet comique – le comique verse facilement dans la scatologie – on a dit *pisser dans un violon* (1883). Décevant, n'est-ce pas? On aimerait que nos étymologistes fassent encore un petit effort d'élucidation.

Malgré leur réputation d'excentricité, les Anglais n'ont rien trouvé d'aussi burlesque que cette locution française. Ils proposent une interprétation « soft » de quelque chose de bien connu : **it's (just) pissing in the wind** (« ça n'est que pisser contre le vent »). En voici la définition : « agir infructueusement, tenter quelque chose de futile » (*Oxford English Dictionary*). Aucune allusion à une éventuelle conséquence désagréable, présente pourtant dans le proverbe *he who pisses in the wind wets his shirt* (qui rend très exactement le français *qui pisse dans le vent mouille sa chemise*).

Post-scriptum rapide pour un *besoin urgent*: en anglais, **Mother Nature is calling** (« Mère Nature appelle »).

Péter les **plombs**

On connaît tous quelqu'un qui, pour un oui ou un non, s'emporte violemment ; l'image de la *soupe au lait* est tout à fait parlante. Son équivalent en anglais fait appel à d'autres références. Commençons par une expression tout à fait explosive : **have a short fuse**. Plus la mèche (*fuse*) de la dynamite est courte, plus l'explosion est proche, moins on a le temps de s'en prémunir.

Le mot *fuse* désigne également un fusible, en anglais ; ainsi, l'anglais et le français se rejoignent dans la description d'un accès de colère, avec *il a pété les plombs* et *he blew a fuse*. Les deux langues possèdent également une expression empruntée à la mécanique pour évoquer les éclats de colère : là où un francophone *pète un câble*, l'anglophone va péter un joint, **blow a gasket**.

Si vous êtes de langue anglaise, il vous reste de nombreuses autres options dans le domaine de la perte du self-control : **blow your stack**, **hit the ceiling**, **go through the roof**, **flip your wig**, **flip your lid**, **fly off the handle**[1]. Depuis la fin du XXe siècle, vous pouvez également entrer, comme disait

1. Traductions littérales, respectivement : « faire péter sa cheminée », « se cogner contre le plafond » (pas si loin de *sauter au plafond*), « traverser le toit », « faire sauter sa perruque », « faire sauter son couvercle », « s'envoler depuis le manche » (allusion à une tête de hache, mal fixée au manche et s'envolant au moment où l'on s'en sert ; on n'est pas si loin, là, de l'expression française *jeter le manche après la cognée*).

un certain adjudant, dans le domaine de la balistique[1] : **go ballistic**.

Faire la **pluie** *et le beau temps*

Faire la pluie et le beau temps, c'est être très puissant, décider de tout ; l'expression date du XVIIIe siècle. C'est faire la loi. On sait que les dieux de l'Olympe avaient ce pouvoir ; et qu'à Paris sainte Geneviève avait le don d'arrêter les pluies torrentielles, et d'apaiser l'orage[2]. Charles Rozan, quant à lui, attribue l'expression au pouvoir dont on croyait investis les astrologues au Moyen Âge[3].

L'expression anglaise ne se rencontre pas dans les hautes sphères, pas du tout : on dit **rule the roost**, « gouverner le perchoir », c'est-à-dire être maître du poulailler, en anglais américain[4]. Cette locution date également du XVIIIe siècle ; jusqu'au XIXe siècle, elle s'appliquait dans tous les domaines mais, depuis le XXe siècle, son usage s'est restreint à la sphère intime, la basse-cour familiale, en somme. (Notez

1. Question de l'adjudant : « Où va la balle quand elle sort du canon ? » Réponse : elle entre dans le domaine de la balistique.

2. On peut la voir à l'œuvre dans un tableau de Grenier, à l'hôpital Laennec.

3. *Petites Ignorances de la conversation*, 1856.

4. Notez bien que les Britanniques préfèrent une autre expression : *rule the roast*, « gouverner le rôti », c'est-à-dire être le châtelain qui préside aux repas. *Roost* ou *roast* – on ne sait plus du tout, puisque les deux expressions sont synonymes.

bien que le mot *rooster*, littéralement, « celui qui perche », est le nom du coq en Amérique du Nord ; en Grande-Bretagne, il se nomme *cock*.)
Plus récente (1967), l'expression **call the shots** (« juger les coups ») possède le même sens, et évite le côté rustique que présente aujourd'hui **rule the roost**.

Une franche **poignée** *de main*

Pour qui a vu deux anglophones se donner une *poignée de main*, c'est évident : l'Anglais, l'Américain, le Canadien ont plutôt tendance à se secouer mutuellement l'avant-bras. D'où le verbe **shake hands**, et le substantif **handshake**. Sans faire de la sociologie de comptoir – ou si peu –, je puis affirmer qu'en France la poignée de main est un geste ultra-fréquent (comme la bise, d'ailleurs) alors que, dans le monde anglo-saxon, elle est plus rare. Est-ce cela qui en fait le prix ? Là où un francophone dirait *cochon qui s'en dédit*, un anglophone répliquerait : **let's shake on it** (« serrons-nous la main là-dessus[1] »).

Il existe une autre poignée de main qui fait couler beaucoup d'encre ces derniers temps, car elle est en or : **golden handshake**. Le terme remonte au milieu du XXe siècle, à une période où les colonies britanniques prenaient leur indépendance et où la Grande-Bretagne leur octroyait une sorte de prime, histoire de faciliter leur nouveau départ – ou de se donner bonne conscience, c'est selon. Rapidement, la locution fut adoptée dans le monde des affaires ;

1. N'oublions pas pour autant le délicat *tope-là* français !

aujourd'hui, cette poignée de main en or est une importante somme d'argent octroyée à un homme d'affaires au moment où il est mis fin à son contrat[1].

À la force du **poignet**

Dans quel genre de situation opère-t-on *à la force du poignet*? En faisant des pompes ou des tractions? Dans les phrases qui emploient cette expression au figuré – où elle signifie « en fournissant un grand effort, par ses seuls moyens » – le verbe qui l'accompagne désigne souvent la réussite, le succès ou un notable progrès. Par exemple, le *Trésor de la Langue française* cite Camus: « Rateau, qui réussissait, mais à la force du poignet, dans tout ce qu'il entreprenait[2]. » Ou le *Dictionnaire d'expressions et de locutions* de Rey et Chantreau, qui cite Simenon: « Elle devait se rendre compte qu'il faisait son possible et qu'il s'était littéralement élevé à la force des poignets[3] »; dans le roman de Simenon, il s'agit d'un père de famille qui prend un deuxième emploi pour subvenir aux besoins des siens.

---

1. À son tour, le *golden handshake* a donné naissance à quelques autres expressions. *Golden hello*, une grosse somme d'argent payée à l'avance à un employé potentiel, pour l'attirer dans une entreprise; *golden handcuffs* (littéralement, « menottes en or »), c'est-à-dire l'argent et les autres avantages offerts à un employé pour le dissuader d'aller travailler ailleurs; et *golden parachute*, une clause inscrite dans le contrat d'un personnage très haut placé dans une entreprise, qui prévoit une grosse contrepartie financière en cas de licenciement.
2. *L'Exil et le Royaume*, Gallimard, 1957.
3. *La Boule noire*, Presses de la Cité, 1955.

L'anglais combine les idées de réussite et de grand investissement personnel en une seule locution, mais la réussite dont il est question ici est l'ascension sur l'échelle sociale, l'amélioration de sa condition : **pull yourself up by your bootstraps** (littéralement, « se hisser par les tirants de botte). Ce geste improbable révèle un sens ancien de la formule : il s'agit de réussir une tâche impossible. Si l'origine exacte de l'expression reste controversée, l'unanimité se fait, en revanche, pour la lier à un verbe bien connu des informaticiens, *boot*, initialiser ou amorcer un ordinateur.

Au **poil**, *au petit poil, au quart de poil*

À poil et à plume désigne, depuis longtemps, le gibier à poils et à plumes, et *au poil et à la plume* les chiens dressés pour chasser ces deux types de proie[1]. Qu'en est-il du simple *au poil*? Les spécialistes divergent quant à l'origine de cette expression, qui date du début du XXe siècle dans son acception moderne. Remonte-t-elle aux écoles des beaux-arts et aux pinceaux très fins permettant de rendre

les détails les plus minutieux, ou bien au monde de l'aviation, où le terme servit pour indiquer une précision absolue, comme dans l'expression *atterrir au poil* ? Aujourd'hui, l'expression est souvent prise comme l'équivalent de « c'est exactement ce qu'il faut ».

1. On sait également que cette expression désigna pendant un temps, dans le langage relâché, ce que nous appellerions *à voile et à vapeur*.

En anglais, on dirait **it's just the ticket**. Sachant que le mot *ticket* provient du français *étiquette*, emprunté à l'anglais dans son acception sociale au XVIIIe siècle, il est permis de penser que l'idée derrière l'expression serait : « C'est la bonne manière de procéder. »
Et on rappellera, s'agissant des élections américaines, que le mot *ticket* désigne une liste des candidats d'une même mouvance politique.

Un **poil** *dans la main*

Ne confondons surtout pas *avoir un poil dans la main* et *tirer au flanc*. Celui qui est atteint de la première affection est tout simplement paresseux, voire flemmard, et même fainéant. Le second bénéficie, étymologiquement du moins, de quelque excuse. L'expression *tire-au-flanc* remonte en effet au vocabulaire de la guerre : quand une armée est en ordre de bataille, les soldats cantonnés au centre du front risquent bien plus leur vie que les troupes disposées sur les côtés, nommés *ailes* ou *flancs*. Autrefois, *tirer au flanc*, c'était donc tenter d'éviter d'être tué ; à présent, il est vrai, c'est plutôt tenter d'éviter le travail et les corvées.
L'anglais possède ses propres distinctions entre ces deux attitudes. Les termes **bone lazy** ou **bone idle** (« paresseux jusqu'à l'os », « oisif congénital ») s'appliquent plutôt aux poilus de la paume. On dispose également d'une autre

combinaison osseuse : **lazybones** (« os paresseux »). S'agissant du militaire qui évite les corvées, deux termes s'offrent à l'anglophone : **skiver**[1] et **slacker**. Le premier (plutôt britannique) dérive du verbe *skive* (vraisemblablement emprunté au français *esquiver*), le second du verbe *slack* (donner du mou, par exemple s'agissant d'une corde en extension) : la Première Guerre mondiale a contribué à la progression victorieuse, si l'on peut dire, de ces deux termes qui aujourd'hui ont quitté le domaine militaire et s'appliquent à toute personne qui cherche à éviter l'effort.

Le **poil** *de la bête*

Alors que le français *reprendre du poil de la bête* signifie aller mieux, l'anglais **a hair of the dog that bit you** (littéralement, « un poil du chien qui vous a mordu ») désigne le verre d'alcool que l'on boit pour se requinquer alors que l'on a la *gueule de bois* (*hangover*). Les deux expressions, attestées en français et en anglais depuis bientôt cinq cents ans, remontent à la même notion – *similia similibus curantur* – celle-là même qui fonde l'homéopathie. Dans l'*Iliade*, on en trouve un exemple avec la lance d'Achille : un onguent fabriqué à partir de la rouille de cette même arme était censé guérir une blessure infligée

1. Noter la prononciation (selon la Méthode à Mimile) : « skaïva ».

par elle. En Angleterre comme en France, les croyances populaires voulaient qu'une morsure de chien se soignât avec le poil (les Anglais préféraient le poil *brûlé*) dudit chien. Partant de cette même idée, l'anglais et le français ont offert chacun son devenir à l'expression.
Si vous cherchiez à soigner quelque gueule de bois, voici une recette traditionnelle, donnée par une grande dame de la cuisine en Angleterre, Nigella Lawson (nombreuses publications, émissions de télévision, etc.) : la *prairie oyster* (littéralement, « l'huître des plaines »). Mélanger un jaune d'œuf, du Tabasco, de la sauce Worcestershire, du cognac et du vinaigre ; buvez cul sec. Bon rétablissement !

☞ *Mal aux* **cheveux**

Une bonne **poire**

Certains auteurs établissent un lien entre le dicton *« quand une poire est mûre, il faut qu'elle tombe »* et l'expression présente. Ce serait tomber, un peu dans le sens de « tomber dans le panneau », car *une bonne poire* se laisse aisément piéger, duper. C'est quelqu'un que l'on peut *mener par le bout du nez.*
Les caricaturistes contemporains de Louis-Philippe aimaient bien le représenter sous forme de poire. Cette image s'est rapidement popularisée et, placardée ici, barbouillée là, a fini par symboliser tout le régime de la monarchie de Juillet, tant détesté.
Mais revenons à nos… poires. En anglais nord-américain, c'est également la nature qui inspire le nom attribué à une personne qui « gobe tout » : **sucker** (littéralement, « celui/celle qui tète »), nom donné au petit d'un mammifère avant qu'il ne soit sevré. On attribue à P. T. Barnum, l'homme des

cirques, la phrase *There's a sucker born every minute* («Il naît une poire à chaque minute»): voilà une observation pleine de charité humaine.

Dans la famille des candides, citons aussi le **pushover** (littéralement, «celui qu'on peut écarter d'une bourrade[1]»), mais qui est à distinguer de celui que l'on peut «entortiller autour du petit doigt»: **wrap around your little finger**. Cette dernière expression met moins l'accent sur la crédulité de la personne ainsi traitée, soulignant davantage un lien extrêmement fort (amour, dévouement...) entre les deux personnes concernées. Une chanson country intitulée «Wrapped Around Her Finger» en offre une élucidation. Le narrateur, un homme éperdument amoureux, avoue être entièrement sous l'emprise de sa chérie: ça me briserait le cœur de la perdre, dit-il en substance, je ferais n'importe quoi pour qu'elle reste avec moi.

Garder une **poire** *pour la soif*

Autrefois, on buvait moins qu'aujourd'hui – voilà une affirmation à l'emporte-pièce. Mais peu nous chaut! L'expression *garder une poire pour la soif* remonterait à une

1. Ce terme sert également dans d'autres situations: par exemple, un étudiant pourrait dire d'un examen qu'il a réussi sans difficulté aucune: *it was a pushover*.

période où l'on ne trouvait ni carafes d'eau, ni vin sur la table. Une poire (ou une pomme) arrivait opportunément vers la fin du repas pour étancher la soif, d'où la notion de mettre de côté quelque chose, pour le moment où on en aura besoin ou envie. Vu la réputation météorologique de l'Angleterre, l'expression équivalente au pays de mes ancêtres peut paraître un peu étonnante : « garder quelque chose pour un jour de pluie », **save it for a rainy day**. Mais si l'on oublie un instant les stéréotypes, l'affaire est tout à fait compréhensible : quand on est retenu à l'intérieur à cause de la pluie, on est content d'avoir mis quelque chose de côté pour égayer ce jour morne.

Étant donné les différentes pratiques alimentaires de part et d'autre de la Manche et de l'Atlantique, l'idée que véhicule l'expression *entre la poire et le fromage* ne trouve pas d'équivalent en anglais : au demeurant, bon nombre d'anglophones seraient capables de manger ensemble la poire et le fromage !

Faire le **poireau**

Nous sommes en pleine agriculture ! Dans l'expression *rester planté* (c'est-à-dire immobile, sans pouvoir bouger), l'élément-clé, c'est le verbe *planter*. Autrefois, *planter son poireau* signifiait attendre longuement. De là, *faire le poireau* (1877) et *poireauter* (1880). L'expression *faire le pied de grue* (1608) comporte une nuance, c'est attendre debout – allusion peut-être à la posture des grues à qui il arrive de se tenir des heures durant debout sur un pied dans leur marigot? L'essentiel, dans les deux cas, c'est l'attente.

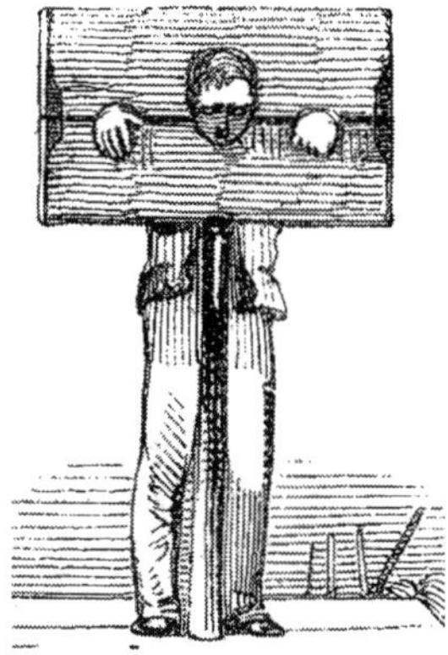

Quant à la locution anglaise équivalente, **cool your heels** (littéralement, « laisser refroidir ses talons »), elle existe depuis le XVIe siècle, dans un sens concret : reposer ses pieds après avoir beaucoup marché. Une citation dans l'*Oxford English Dictionary* révèle-t-elle la source de cette expression imagée? Il s'agit – nous sommes en 1641 – d'une personne mise au pilori, dont il est dit qu'elle pourra commodément rafraîchir ses talons pendant le temps qu'elle y passera. (À tout prendre, préférer le pilori chinois ou cangue, qui laisse libres les talons.) En tous les cas, l'expression possède depuis lors le sens que nous lui connaissons : attendre.

Poisson *d'avril!*

Les théories abondent pour expliquer le *poisson d'avril.* On a le choix! Sous Louis XIII, un duc de Lorraine tenu prisonnier dans un château parvint à s'évader un 1er avril en traversant une rivière à la nage. Vous n'aimez pas? Prenez celle-ci : *poisson* est une corruption du mot *passion*, et il s'agit d'une allusion aux allers-retours effectués par le Christ au commencement d'avril, quand il fut renvoyé d'Anne à Caïphe, de Caïphe à Pilate, de Pilate à Hérode et d'Hérode à Pilate. Non plus? Que pensez-vous de celle-ci, rédigée par les bons frères jésuites de Trévoux? « On appelle Poisson d'avril un poisson de figure longue et menue dont on fait une pêche fort abondante en cette saison, qu'on nomme autrement maquereau, et parce qu'on appelle du même nom les entremetteurs des amours illicites, cela est cause qu'on nomme aussi ces gens-là Poissons d'avril[1]. » Vous renoncez? Passons à l'anglais.

April fool! (littéralement, « idiot d'avril »). Voilà ce qu'on dit en anglais lorsqu'on a fait une farce à quelqu'un le 1er avril. Ici, vous avez également l'embarras du choix. Première proposition : jusqu'à la réforme du calendrier julien au XVIIIe siècle en Angleterre, l'année se terminait le 25 mars ; comme cette date correspondait fréquemment à la célébration de la semaine sainte, la fête du Nouvel An était reportée au 1er avril. Avec l'avènement du calendrier grégorien (selon lequel l'année débute le 1er janvier et se termine le 31 décembre), toute personne qui continuait à dire « bonne année ! » le 1er avril était considéré comme un « idiot d'avril ». Autre explication : les jeunes poissons du début avril sont naïfs et faciles à ferrer. Ou celle-ci : au printemps, les hommes tombent amoureux et se comportent comme des idiots.

Vous croyiez que j'allais vous expliquer ces expressions? Poisson d'avril !

1. *Dictionnaire de Trévoux* (1721).

Un **polichinelle** *dans le tiroir*

Voici une manière peu élégante d'évoquer la grossesse : *avoir un polichinelle dans le tiroir*. Polichinelle remonte au Pulcinella de la Commedia dell'arte italienne. Ce personnage n'était pas d'une beauté rare : à la fois bossu et ventru, il avait une voix aiguë et nasillarde. Son nez était long et crochu[1]. Pour compléter le tableau, il était fanfaron, et roublard. La marionnette tirée de ce personnage grotesque ne l'est pas moins. Pourtant, c'est à lui qu'on fait l'honneur (depuis plus d'un siècle) d'occuper le rôle de l'enfant à naître, dans le ventre de la mère et dans l'expression susdite. Laquelle semble marquer un retour à la source même du mot *polichinelle* : poussin dans l'œuf.

L'anglais non plus ne semble pas faire preuve de beaucoup d'égards pour le futur petit être, car il s'agit d'avoir un « petit pain (ou peut-être une brioche[2]) dans le four » : **have a bun in the oven**. Le niveau de langage – cuisinière contre commode – vaut bien celui de la formule française. Côté euphémismes, en revanche, l'anglais se défend plus

---

1. Le nom *Pulcinella* remonterait au mot italien pour poussin, *pulcino* ; son nez comme un bec aurait valu son nom à ce personnage.
2. Dans l'art culinaire anglais, le mot *bun* évoque un petit pain fait de pâte à pain (sans beurre ni œufs) ; lorsqu'on fait du pain chez soi, il arrive souvent que l'on fasse, mettons, trois pains et une douzaine de *buns*. Ce qui se nomme *brioche* en français n'existe pas vraiment dans la tradition culinaire du monde anglo-saxon, d'où la traduction impossible de la fameuse phrase attribuée à Marie-Antoinette : « [...] qu'ils mangent de la brioche », *let them eat cake*. En anglais, *cake* désigne plutôt du gâteau.

qu'honorablement. Très communément (et sans familiarité aucune), on dira *she is expecting*, littéralement, «elle attend[1]». De façon encore plus euphémistique, *she is in a delicate condition/in a particular condition* et, avec une petite note de désapprobation, *she is in an interesting condition*. Inutile de traduire, n'est-ce pas?

Tomber dans les **pommes**

Encore une expression autour de laquelle les experts se chamaillent, pour ainsi dire depuis sa première attestation (1889). Selon les uns (plutôt morts), il s'agit d'une variation sur le thème de *pâmes*, pâmoison. Ah, non, dit l'autre camp (plutôt des vivants), cette version est impossible, car *pâmer* a disparu du français au XVe siècle, et n'a jamais été attesté sous la forme de *être* ou *tomber dans les pâmes*. Non, disent-ils, il faut plutôt se tourner vers George Sand, qui aurait utilisé l'expression *être dans les pommes cuites*, pour signifier «être dans un état de fatigue, d'usure». Cette expression, qu'on peut aisément lier à *être cuit* serait, pour ce camp, la source de *tomber dans les pommes*.

1. Ou bien elle s'attend à ce qu'il se passe quelque chose. On le lui souhaite de tout cœur!

En anglais, c'est **black out,** voire **pass out** (littéralement, « se retrouver dans le noir », « sortir[1] »), en plus de *faint*, le verbe standard pour « s'évanouir ».
Pendant que les experts continuent à se crêper le chignon, examinons une autre pomme, la mienne. Naturellement, au départ, il s'agit d'une tête, d'une figure ; *ma pomme*, c'est moi (merci, Maurice Chevalier !). Nous ne sommes pas dans un registre linguistique soutenu. Les anglophones britanniques possèdent un joli nom pour cet usage, c'est **muggins** (qui remonterait à un patronyme) ; on s'en sert pour se moquer de soi-même, comme les Anglais savent si bien le faire[2]. Toujours dans un registre familier.
Si l'on est digne, très digne, pour faire référence à soi-même, on dira *votre serviteur*; en anglais, **yours truly** (« sincèrement vôtre[3] »).

À côté de ses **pompes**

Une personne qui marche *à côté de ses pompes* est victime d'« une angoisse existentielle, une difficulté à vivre, un décalage par rapport à l'époque, une impossibilité de s'adapter aux manières des autres[4] ». De façon moins

1. Sous-entendu : sortir de l'état conscient normal. Ce *out* est le même que celui de *knocked out*, le fameux KO.
2. Exemple : *And guess who had to do the dishes ? — Muggins* (« Et devine qui a dû se coltiner la vaisselle ? Mézigue »). Ce qui est sous-entendu, c'est que l'on s'est fait avoir.
3. C'est la formule type pour clore une lettre manuscrite, le « Veuillez croire, etc. » d'un anglophone.
4. Gonzague Saint Bris, in *Le Monde*, 13 septembre 1978.

savante, les expressions *planer complètement*, et *ne pas avoir les pieds sur terre* véhiculent les mêmes idées.
Pour décrire cet état, les Britanniques emploient aujourd'hui l'expression **away with the fairies** (littéralement, « parti avec les fées »). Elle peut signifier ne pas être conscient des réalités de la vie, ou bien avoir des attentes peu réalistes par rapport à elle. Dans certains hôpitaux britanniques, le personnel utilise l'abréviation AWTF pour signifier qu'une personne est en pleine confusion.
De source ancienne, l'expression **cloud-cuckoo land** est la traduction du mot grec *Nephelokokkygia* : dans sa pièce *Les Oiseaux* (ve siècle av. J.-C.), Aristophane nomme ainsi une ville bâtie par les coucous dans les nuages. En anglais, cette expression sert souvent pour critiquer une position considérée comme irréaliste. Exemple : en 1987, Margaret Thatcher a affirmé : *The ANC is a typical terrorist organization… Anyone who thinks it is going to run the government in South Africa is living in cloud-cuckoo land*[1].

Le **portrait** *craché de son père*

Pourquoi le père « crache-t-il » le fils? Pas besoin d'être psychanalyste pour subodorer derrière ce crachat une tout autre excrétion… C'est le grand étymologiste suisse, Walther von Wartburg, qui a fait remarquer que, chez de nombreux peuples, cracher symbolise reproduire. Les mêmes causes

1. « L'ANC est typiquement une organisation terroriste… Quiconque pense qu'elle va diriger le gouvernement en Afrique du Sud est à côté de la plaque. » Et un petit post-scriptum : depuis 1918, le nom de cet oiseau signifie, en langage familier américain, « fou », « barjot ». On ne peut pas ne pas penser au film de Milos Forman (1975), *One Flew over the Cuckoo's Nest* (*Vol au-dessus d'un nid de coucou*), magistralement interprété par Jack Nicholson dans le premier rôle.

produisant les mêmes effets, l'anglais offre **the spittin' image** (parfois **spitting image**), et le norvégien une formule qui se traduit par « tel qu'expulsé par le nez de son père ».
Il existe une autre formulation, que vous avez peut-être rencontrée au cinéma, en voyant le film de David Cronenberg *Faux-Semblants* (titre original, *Dead Ringers*), à propos de deux jumeaux, gynécologues. L'expression **dead ringer** vient du milieu des courses hippiques. *Ringer* désigne un imposteur, traditionnellement un cheval que l'on met à la place d'un autre lors d'une course ; et ici, *dead* veut dire « exact », comme dans *dead centre* (« exactement au centre ») ou *you're dead right* (« vous avez absolument raison »). Le **dead ringer** est le parfait sosie de celui qu'il feint d'être.

Une affaire à **potasser**

Selon Pierre Larousse, l'origine du verbe *potasser* réside dans l'effervescence que produit la potasse dans certaines réactions. Il semble que le terme s'employa pour la première fois à Saint-Cyr en 1838. De nos jours, le lien avec la potasse ne fait plus l'unanimité, sans qu'une autre théorie prenne réellement la relève. Encore aujourd'hui, on lit dans les dictionnaires, à ce mot, « travailler avec acharnement » ; mes étudiants potassent bien leurs livres d'anglais, mais je ne les vois pas toujours s'acharner... Et puis, il y a le verbe *bûcher.*

L'expression équivalente en anglais, **bone up** (littéralement, « faire usage d'os[1] »), se définit comme « réviser avec acharnement, souvent pour préparer un examen ». Elle remonte également à un contexte de formation militaire. La première citation en anglais (1887) se trouve dans un ouvrage d'Elizabeth Custer[2] : *I have known the General to « bone-up », as his West Point phrase expressed it, on the smallest details of some question at issue* (« J'ai vu le général "potasser" – selon la tournure utilisée à West Point[3] – les moindres détails de quelque affaire dont il était question »).

Dès potron-minet

On le sait, le mot « potron » ne se promène jamais seul. Au XVIIe siècle, on disait *dès potron-jacquet*, expression progressivement remplacée au cours du XIXe siècle par *dès potron-minet*. Auscultons.

Le *potron*, c'est le postérieur (*posterio* en latin, *poistron* puis *poitron* en ancien français) ; le *jacquet* (petit Jacques)

1. Extrêmement difficile à traduire. L'expression remonterait à l'usage de poudre d'os pour polir le cuir.
2. *Tenting in the Plains*, livre destiné à rehausser la gloire de son martyr d'époux, ce général américain connu pour ses exploits pendant la guerre de Sécession.
3. Grande académie militaire américaine, fondée en 1802.

l'écureuil ; et le *minet*, on connaît. L'expression signifie « dès que l'écureuil/le chat montre son postérieur », autrement dit, dès qu'il se lève ; en deux mots, dès l'aube. Vous est-il arrivé de

jauger l'arrivée du jour grâce au postérieur d'un écureuil ou d'un chat ? Moi, non.

C'est peut-être leur amour de la nature qui a incité les Anglais à inventer de si jolies expressions pour nommer la pointe du jour. Résumons :

EXPRESSION	TRADUCTION LITTÉRALE
At the break of day	À l'éclosion du jour
At cock's crow	Au cri du coq
At daybreak	À l'éclosion du jour
At sparrow's cough	À la toux du moineau
At sparrow's fart	Au pet du moineau
At the crack of dawn	À l'entrebâillement de l'aube
At the crack of sparrows	À l'entrebâillement des moineaux
At the peep of dawn	Quand l'aube pointe son œil

Naturellement, chaque anglophone possède sa version préférée, selon sa localisation, selon son âge, etc. et ne connaît pas nécessairement toutes celles indiquées ici.

Quand les **poules** *auront des dents*

Le français offre diverses expressions pour désigner un moment qui ne viendra jamais, ou bien dans tellement longtemps qu'il n'est pas concevable. Commençons par deux locutions propres à la basse-cour – *quand les poules pisseront* (1884) et *quand les poules auront des dents* (1935) – et deux équivalents anglais de la même provenance : **when pigs fly**, « quand voleront les cochons » (à mon avis, cette éventualité-là viendra *après* l'apparition de dents chez les poules) et **when the cows come home** (« quand rentreront les vaches »).

Depuis le XVIIIe siècle, on évoque en anglais les piètres performances du cochon en matière de vol, l'impossibilité même qu'il y parvienne. Lewis Carroll rappelle la locution dans *Alice au pays des merveilles*[1]. Quant aux vaches, l'expression évoque la lenteur avec laquelle elles rentrent à l'étable le soir : si l'on sait qu'elles finissent par rentrer, l'expression désigne néanmoins un événement dont on ne peut espérer la réalisation dans un avenir imaginable. Dans le film *La Soupe au canard* (1933), Groucho Marx, égal à lui-même, joue sur cette formule en disant à une femme qu'il tente de séduire : « Je pourrais danser avec vous jusqu'à ce que rentrent les vaches, mais je préfère danser

1. « J'ai le droit de penser, dit Alice assez sèchement, car elle commençait à se sentir un peu agacée. — Juste autant le droit, dit la duchesse, que les cochons de voler » (traduction de Michel Laporte, Livre de poche jeunesse, 2010).

avec les vaches jusqu'à ce que vous rentriez chez moi» (*I could dance with you till the cows come home... But I would rather dance with the cows till you come home*).

☞ *À la* **Saint**-*Glinglin* • *Tous les* **trente-six** *du mois*

Un **prêté** *pour un rendu*

Vous voulez vous venger, *rendre la monnaie de sa pièce* à quelqu'un qui s'est mal conduit, vous pouvez également le *payer de la même monnaie*. Toujours avec un sous-entendu financier : *un prêté pour un rendu*. Dans une version un peu plus à la page de la loi du talion, vous pouvez promettre à l'importun de lui garder *un chien de votre chienne*[1]. La langue française est riche en représailles !

L'anglais propose à son tour une image du monde de l'argent avec **pay him in his own coin** (littéralement, «le payer avec la monnaie qu'il a utilisée»). Autre possibilité, faire goûter à ce casse-pieds «son propre médicament», **give him a taste of his own medicine**. Enfin, une petite expression onomatopéique, **tit for tat** (elle ne possède pas de sens propre, et désigne un coup qui est porté en représailles à un coup reçu[2]) ; elle existe depuis le XVIe siècle, et est encore en service actif de nos jours. Un exemple d'une actualité affligeante :

1. Cette locution fait penser à une vielle expression anglaise : *give someone a pig of their own sow*, littéralement, «donner à quelqu'un un porcelet né de la truie de ce quelqu'un». Si je vous donne un porcelet de votre truie, je vous donne quelque chose qui vous appartient déjà, je traite avec vous comme vous avez traité avec d'autres.

2. Comme «œil pour œil», mais sans le côté biblique.

tit-for-tat killings, les meurtres en représailles. L'expression sert aussi pour décrire des situations d'escalade politique, par exemple *tit-for-tat protectionism*, l'escalade du protectionnisme.

☞ *Avoir une* **dent** *contre quelqu'un*

Q

Quatre-*quarts*

Le *quatre* de certaines expressions françaises désigne tout simplement quatre entités. L'anglais ne focalise pas sur ce chiffre. *Quatre-épices*? C'est le nom donné à une épice, *pimenta dioica*, d'après les senteurs mêlées qui la caractérisent, celles de quatre autres épices (gingembre, girofle, muscade et poivre). Le mot anglais **allspice** renvoie à la même *pimenta dioica*, encore que les Anglais du XVIIe siècle trouvaient qu'elle combinait les seules senteurs de cannelle, de noix de muscade et de girofle.

Pour le dessert, vous allez faire un *quatre-quarts* ? En anglais, ce sera un **pound cake** (« gâteau d'une livre »), partant de l'idée que, dans ce gâteau, on met une livre de farine, une de beurre, une d'œufs, et une de sucre. Étant donné la taille des familles modernes, il est

accepté à présent que l'on mette dans ce gâteau à parts égales – mais moindres – les quatre éléments. On l'appelle cependant toujours **pound cake**.
Finissons cette revue du chiffre quatre à la piscine. Vous avez gagné le 400 mètres *quatre nages* dans votre catégorie? Félicitations. En anglais, **400 metres medley**; eh oui, vous y voyez le français *mêler*, puisqu'il s'agit de mêler plusieurs styles de nage.

☞ **Quatre** *fers en l'air* • *Se mettre en* **quatre** • *Entre* **quatre**-*z-yeux* • *Dire ses quatre* **vérités** *à quelqu'un*

Se mettre en **quatre**

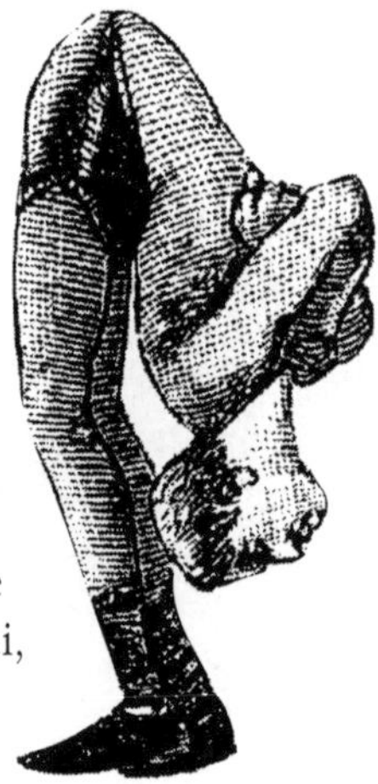

Dans quelques locutions françaises, le mot *quatre* évoque une organisation symétrique de l'espace (sous-entendu, une idée d'efficacité, d'ordre). L'anglais est moins... carré.
Ne pas y aller par quatre chemins (sont sous-entendus les quatre points cardinaux)? L'Anglais, lui, «ne frappe pas autour du buisson», **he doesn't beat about the bush**[1]; cette expression renvoie au chasseur qui, pour lever une perdrix, par exemple, frappe d'un bâton les buissons où elle se cache.

1. En Amérique du nord: *he doesn't beat around the bush.* On notera que la locution formulée à l'affirmative correspondrait au français *tourner autour du pot.* ☞ *Il ne* **mâche** *pas ses mots.*

Tiré à quatre épingles – « habillé avec un soin méticuleux » (Furetière) – remonte au XVIIe siècle ; l'allusion renverrait aux tisserands qui, pour tendre un morceau d'étoffe, le fixent par une épingle à chaque coin. Les dictionnaires bilingues le traduisent souvent par *dressed up to the nines* (☞ *Se mettre sur son* **trente-et-un**), mais cette traduction n'est pas satisfaisante car elle implique quelque chose de fastueux, d'ostentatoire qui est absent de l'expression française.
Quant à *se mettre en quatre*, l'anglais dirait **bend over backward(s)**, littéralement « se plier en arrière », ce que l'anatomie humaine ne permet qu'aux contorsionnistes.

☞ **Quatre** *fers en l'air* • *Dire ses* **quatre** *vérités à quelqu'un* • *Entre* **quatre**-*z-yeux* • **Quatre**-*quarts* • *Appeler un* **chat** *un chat* • **Flûte** *alors !*

Entre **quatre**-*z-yeux*

Il arrive dans quelques expressions imagées que le mot *quatre* renvoie à un redoublement d'organes doubles, et signifie « deux personnes ».
Quelque chose à dire en privé ? Vous le direz *entre quatre-z-yeux*, c'est-à-dire *en tête à tête*. Selon le type de situation, vous choisirez entre diverses tournures anglaises.
Premier cas : l'autre personne est absente, vous souhaitez la voir en privé, la voir **face to face** (littéralement « visage à visage », mais pas nécessairement pour un face-à-face). Si vous êtes un peu cultivé, voire fier de l'être, vous direz même **en tête à tête**[1], en français dans le texte anglais !

1. À noter que la prononciation anglaise ressemble le plus souvent, phonétiquement, à « téïtâtéït ».

Deuxième cas, vous vous trouvez avec quelqu'un, *entre quatre-z-yeux*, et vous vous parlez *à cœur ouvert, entre vous*. La tournure, familière, qui décrit cette situation est **between you and me and the gatepost** (littéralement, « entre toi et moi et le montant du portail »). Il existe plusieurs variantes sur ce thème : **between you and me and the bedpost, between you and me and the wall, between you and me and these four walls** (« entre toi et moi » et, respectivement, « le pied [ou la tête] du lit », « le mur », « ces quatre murs »).

Quant à l'expression *à quatre mains*, s'il s'agit d'un morceau pour piano, en anglais on dira **duet**. S'agissant d'autres activités, on qualifiera différemment la situation ; par exemple, pour *nous avons écrit ce livre à quatre mains*, on dirait, simplement, *we wrote this book together*.

☞ **Quatre** *fers en l'air* • *Dire ses* **quatre** *vérités à quelqu'un* • **Quatre**-*quarts* • *Se mettre en* **quatre**

Tomber en quenouille

La quenouille, c'est ce petit bâton dont l'extrémité pointue est garnie de laine brute destinée à être filée, et que l'on dévide au moyen d'un rouet. Le nom anglais de cet instrument est *distaff*. L'objet, comme son nom, est très ancien[1]; et comme il fut pendant des siècles utilisé par les seules femmes, il acquit – dans les deux langues – un sens métaphorique lié à la gent féminine. D'ailleurs, l'anglais distinguait autrefois la descendance par les femmes, « côté quenouille » (*distaff side*), de la filiation par les hommes, « côté lance ou épieu » (*spear side).* On notera que le symbole, de part et d'autre, est plutôt phallique…

Au XVIe siècle, *tomber en quenouille* c'était, s'agissant d'une propriété, passer par succession dans les mains d'une femme. Les fanas d'Histoire de France se rappelleront les phrases *les lys ne filent pas*[2], ou *le royaume des lys ne tombe pas en quenouille*; la fleur de lys était symbole de la royauté, et ces sentences signifiaient que les femmes ne devaient pas régner sur la France. Ainsi le voulait la loi salique instaurée par les Francs. Au XIVe siècle, Chaucer se servit du mot *distaff* comme métonymie du travail féminin et, assez rapidement, le terme en vint à désigner la femme, l'autorité

1. *Quenouille* date du XIIe siècle, *distaff* du XIe.
2. À l'origine, une citation de la Bible : *Matthieu*, 6:28.

féminine. Si les deux langues se rencontrent sur ce glissement de sens, l'anglais ne suivra pas le français dans son acception récente de la locution : perdre de sa valeur ou de sa force (1913)[1].

Les expressions anglaises pour ce sens négatif sont d'une tout autre nature : **taper off** (de l'anglais *taper*, cierge, à cause de la forme… en quenouille des cierges faits à la main), **fizzle out** (américanisme : le mot *fizzle* désignait à l'origine un pet silencieux, et puis un bruit de sifflement ou de chuintement), ou enfin **peter out** (origine incertaine, peut-être liée au français *péter*).

Queue *anglaisée*

Dans le monde hippiatrique[2], on connaît la *queue anglaisée*. Voici la définition du verbe *anglaiser* : « Pratiquer sur un cheval l'opération qui consiste à enlever les muscles abaisseurs de la queue. Dès lors, les muscles releveurs se trouvant sans antagonistes, la queue de l'animal prend naturellement une position plus relevée qui paraît plus belle à certains amateurs[3]. »

Évidemment, l'expression et sa définition peuvent paraître un peu ésotériques pour quelqu'un qui n'est pas amateur de canassons. Mais je suis prête à parier que vous connaissez parfaitement l'équivalent en anglais. Non ? Je vous le donne en mille : **cocktail** (littéralement, « queue de coq »). Quel lien entre le cheval et le coq ? C'est tout simple.

---

1. Au point que *tomber en quenouille* et, si vous permettez, *partir en couille* signifient aujourd'hui pratiquement la même chose, ce qui est tout de même paradoxal au vu de leurs étymologies respectives.
2. Qui a rapport à l'art de soigner les chevaux.
3. Dupiney de Vorepierre, *Dictionnaire français illustré*, 1873.

Quand, au XVIIIe siècle, on a décidé d'opérer la queue des chevaux pour les faire ressembler à la queue des coqs, le nom s'est imposé tout naturellement. Comme cette opération ne se pratiquait pas sur des chevaux de race pure, l'expression en vint progressivement à

désigner des chevaux bâtards. À l'idée de bâtardise succéda celle de mélange : et il semble que ce soit cette notion qui a déterminé, au début du XIXe siècle, l'application de ce mot aux boissons alcoolisées composées de différentes substances.

R

Racolage

Le mot *racoleur* possède deux grands domaines d'application : le monde militaire et la prostitution. C'est au premier que l'on va s'intéresser ici. Nous avons tous lu des histoires de racoleurs ou « sergents recruteurs ». Écoutons un expert : « Ce métier s'exerçait autrefois par des sous-officiers qui s'installaient sous des tentes en toile, au-dessus de l'entrée desquelles flottait un drapeau armorié. Quelquefois deux ou trois musiciens rassemblaient la foule au bruit de leurs instruments. [...] Les ruses les plus condamnables étaient permises aux racoleurs, du reste, pour enrôler les soldats, et c'était toujours après avoir enivré les malheureux dont ils faisaient la chasse qu'ils obtenaient d'eux la signature d'un engagement qui,

à la honte de la législation de cette époque, ne pouvait plus être annulé[1]. »

C'est très douloureusement, dans ces circonstances, qu'on se rappelle que *racoler* (XVIIIe siècle) signifie, étymologiquement, embrasser de nouveau. On avait oublié qu'il remontait au verbe *accoler* (XIe siècle), jeter les bras autour du *col* de quelqu'un pour l'embrasser.

Les Anglais faisaient moins de manières pour leur racolage, et la brutalité de ce mode de recrutement transparaît même dans son nom : **press gang** (littéralement, « bande ou gang qui fait pression »). C'est dans la Royal Navy, particulièrement, que les recruteurs exerçaient une violence ignoble pour embrigader les futurs matelots.

La marine américaine n'était pas en reste, au temps de la navigation à voile ; si un navire en partance avait besoin de matelots, on sélectionnait des jeunes gens qu'on droguait, soûlait, ou tabassait, et transportait à bord. Puis le navire levait l'ancre. Comme ces navires étaient souvent en partance pour Shanghaï, on forgea le verbe *shanghai*. Aujourd'hui, il signifie contraindre quelqu'un à faire quelque chose.

Demain, on **rase** *gratis*

Selon la légende, un barbier facétieux aurait mis devant son échoppe un panneau où étaient inscrits les mots : *demain on rase gratis* ; évidemment, tout homme venant réclamer ce qui était promis la veille se faisait renvoyer au lendemain.

L'expression anglaise équivalente (plutôt britannique) est : **jam tomorrow**. Comme pour le français, la promesse

1. Adolphe de Chesnel, *Dictionnaire des armées de terre et de mer*, 1866.

concerne ce lendemain qui disparaît éternellement en devenant aujourd'hui. C'est Lewis Carroll qui en est à l'origine, dans *À travers le miroir et ce qu'Alice y trouva* (1871) ; la Reine blanche est formelle : « Confiture demain, confiture hier, mais jamais confiture aujourd'hui[1]. »

L'anglais possède une autre expression pour *les promesses en l'air*: **pie in the sky** – « la tarte au ciel », littéralement. L'expression aurait été forgée par un Américain, Joe Hill ; en 1902, ce syndicaliste radical rédigea les paroles d'une chanson critiquant les prédicateurs chrétiens qui mettaient l'accent sur le salut des fidèles tout en ignorant leurs souffrances terrestres, en particulier la faim. L'expression connut une nouvelle jeunesse lorsque le boxeur Cassius Clay (Mohamed Ali) déclara : *You don't want no pie in the sky when you die, you want something here on the ground while you're still around*[2].

1. Les latinistes anglophones reconnaîtront ici un petit dispositif mnémotechnique : en latin, *nunc* et *iam* (autrement dit, *jam*, car *I* et *J* furent pendant des siècles une seule et même lettre) veulent dire « maintenant », « à présent ». *Nunc* s'emploie uniquement au temps présent, et *iam* (et donc *jam*) au futur. De là, le raccourci *iam* demain : **jam tomorrow**.

2. Littéralement : « On ne veut pas d'une tarte au ciel à notre mort ; on veut quelque chose ici, sur terre, pendant qu'on est encore là. »

C'était vraiment **rasoir**

Tout le monde connaît ce geste par lequel on signale son ennui : un mouvement de l'extérieur des doigts, en petits allers-retours sur le bas de la joue. Depuis le milieu du XIXe siècle, le verbe *barber*, comme *raser*, signifie « ennuyer ». Selon une des interprétations de l'expression *c'est rasoir*, l'ennui s'expliquerait par le temps qu'il fallait autrefois pour se faire raser la barbe, et par les propos insignifiants qui accompagnaient l'opération. Selon d'autres interprétations, l'ordre des choses serait l'inverse : au départ, le mot *rébarbatif* (du vieux verbe *se rebarber*, tenir tête), qui signifie « rebutant », et dont on tire *barbe* (*la barbe !*) ; or qui dit barbe dit rasoir. Allez savoir !

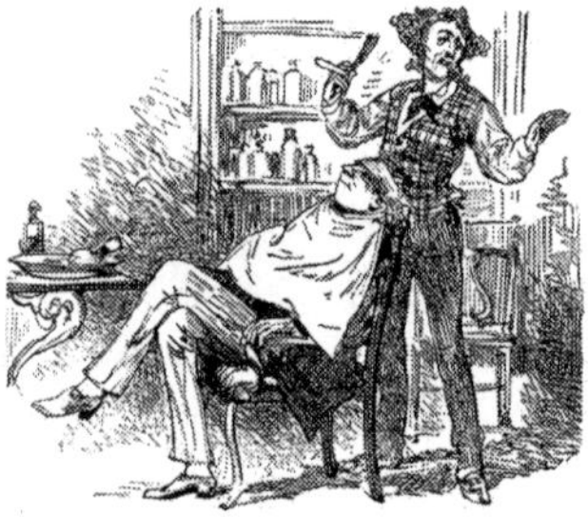

L'expression anglaise possède sa logique, puisqu'elle reprend tout simplement l'onomatopée du bâillement et la transforme en adjectif : **ho-hum**. Ainsi, n'importe quel événement peut-il être qualifié de **ho-hum**. De même, si l'on vous demande ce que vous avez pensé d'un film un peu soporifique, vous pouvez répondre en un seul mot : **ho-hum**. On n'est pas si loin de *bof*.

Une barbe qui n'est jamais rasoir, c'est la *barbe à papa*. En anglais britannique **candy floss** (« filasse de sucrerie »), en Amérique du Nord, **cotton candy** (« sucrerie de coton »).

Trois fois **rien**

Le français n'est pas avare d'expressions pour mettre l'accent sur la petitesse d'une quantité, l'insuffisance par rapport à ce que l'on aurait pu désirer. Outre *trois fois rien*, vous avez les *clopinettes*, les *fifrelins*[1]. Vous avez également les *prunes*, dont on apprend par Charles Rozan[2] qu'il s'agissait des fruits du prunier sauvage : « Ses fruits étaient sans saveur comme sans valeur : les chemins en étaient jonchés ; jamais dans les jardins, on ne les récoltait, et les cochons seuls s'en régalaient. » Ne parlons pas de l'expression *travailler pour le roi de Prusse*, plus guère usitée : travailler pour rien.

En anglais, embarras de richesses, si l'on peut dire : **chicken feed** (« nourriture pour volailles »), **small potatoes** (« de petites pommes de terre »), ou **small beer** (littéralement, « de la petite bière » ; ce qui est petit ici, c'est le nombre de degrés d'alcool), ou **peanuts** (« cacahuètes »). Vous comprendrez aisément, donc, la maxime *if you pay peanuts, you get monkeys* (« si vous payez en cacahuètes, vous aurez des singes ») ; autrement dit, la valeur de ce que vous obtenez est proportionnelle à ce que vous le payez.

1. Ce mot découle de l'allemand *Pfifferling*, « chanterelle », et à l'expression *das ist keinen Pfifferling wert*, littéralement, « cela ne vaut pas une chanterelle » ; autrement dit, cela ne vaut rien. L'emprunt date du début du XXe siècle.

2. *Petites Ignorances de la conversation*, 1856.

Le **roi** *n'est pas son cousin*

Voilà une drôle d'expression qui désigne deux situations assez différentes. C'est sans doute la disparition des rois en France qui explique son évolution récente. Explication.

Au XVIIe siècle, la formule *mon cousin* était utilisée par le roi de France pour s'adresser aux princes de sang, aux cardinaux, aux maréchaux de France, etc. D'où l'expression *le roi n'est pas son cousin*, pour dire « il se croit aussi important que le roi », voire « il s'estime au-dessus du roi » ; en un mot, il est prétentieux. Mais déjà, à la même période, la locution pouvait servir à désigner une personne dont les désirs étaient comblés, sans réelle notion de prétention : « On dit de celui qui a obtenu une chose qu'il souhaitait fort : maintenant *le roi n'est pas son cousin* », affirme Furetière[1].

Il n'existe pas en anglais d'expression unique pour véhiculer les deux idées. S'agissant de prétention, l'anglais offre **high and mighty** (littéralement, « haut et puissant »), expression qui à l'origine désignait les puissants de ce monde et qui a évolué pour signifier une attitude hautaine, prétentieuse. Restent également les termes **snooty** et

1. *Dictionnaire universel*, 1690.

stuck-up – intraduisibles : le premier remonte à *snout*, qui désigne le nez humain, avec une connotation péjorative, et le second est impossible à traduire mot à mot en français. Disons qu'ils évoquent tous les deux le côté « nez en l'air » – en français, on dirait plutôt l'air *hautain* – des gens qui se croient supérieurs et vous *regardent de haut*.
Concernant le bonheur d'avoir obtenu quelque chose que l'on souhaitait, eh bien, notre anglophone se trouvera « par-dessus la lune », ou bien il « marchera sur l'air » : **over the moon**, ou **walking on air**.

☞ *Il se croit sorti de la* **cuisse** *de Jupiter* • *Il* **pète** *plus haut que son cul*

Là où le **roi** *va seul*

Alors que l'expression française *aller où le roi va seul* ne laisse guère douter de la destination de la personne qui la prononce, son équivalent en anglais, **go to see a man about a dog**, est un peu plus polyvalent. On se sert de la formule anglaise lorsqu'on ne souhaite pas révéler où l'on va. Il n'empêche que c'est particulièrement lorsqu'on se rend aux toilettes que l'on évoque cet homme que l'on doit rencontrer à propos d'un chien[1].
L'expression anglaise a connu plusieurs usages, depuis le XIXe siècle, où elle vit le jour dans une pièce de théâtre ; un personnage s'en servait pour s'extraire d'une situation

1. Un dessin humoristique paru dans la revue britannique *Punch* en 1930 montre un homme des cavernes disant à sa femme : « Je reviens tout de suite, chérie. Il faut juste que je voie un homme à propos d'un brontosaure. » Sans transition, évoquons l'euphémisme que certains résistants français auraient utilisé pendant la Seconde Guerre mondiale, lorsqu'ils s'excusaient pour se rendre aux toilettes : « Je vais téléphoner à Hitler. »

difficile. Depuis, elle a un temps revêtu un sens olé-olé (« je vais voir une femme de petite vertu »), jusqu'à son sens actuel, en passant par le banal « je sors boire un verre ».
En anglais britannique, la locution **spend a penny** a longtemps servi comme euphémisme pour « se rendre aux toilettes », en particulier pour les femmes. Elle date du milieu du XIXe siècle, lorsque les toilettes publiques pour femmes devinrent payantes ; mesdames devaient payer un penny pour ce service, alors que les urinoirs messieurs restaient non payants.

Au bout du **rouleau**

De quel rouleau est-on au bout, quand on est *au bout du rouleau*? Écoutons Alain Rey : « Le mot désigne d'abord une bande enroulée en cylindre allongé, spécialement le rouleau portant un écrit, par exemple la bande à demi déroulée

qui sort de la bouche d'un personnage dans certaines représentations au Moyen Âge. » Tout à coup, on comprend le lien entre rouleau et rôle théâtral. Quand on était *au bout de son rouleau* (autrefois, de son *rôlet*), on avait épuisé ses ressources. C'est seulement au XIXe siècle qu'advint le sens « être à bout de ses forces ».

Quittons les parchemins, quittons le théâtre, et rendons-nous à la ferme, car c'est là que l'on va trouver l'équivalent en anglais : **at the end of your tether**[1], c'est-à-dire « à l'extrémité de votre longe[2] ». Le mot *tether* existe en anglais depuis le XIVe siècle ; au sens concret s'ajoute au XVIe siècle un sens figuré désignant un rayon d'action. Et c'est au XIXe siècle que naît notre expression, dont la définition actuelle pourrait être « en détresse », « exaspéré », ou « au bout de sa capacité d'endurer ».

Payer **rubis** *sur l'ongle*

Faire rubis sur l'ongle (1640) signifiait « boire jusqu'à la dernière goutte ». Lorsqu'on buvait un verre de vin rouge, et qu'on le vidait jusqu'à ce qu'il n'y restât plus qu'une seule petite goutte, on pouvait faire tenir cette goutte sur un

1. Autre formulation : **at the end of your rope**.
2. Une longe est une corde ou une lanière avec laquelle on attache un cheval, par exemple ; on s'en sert également pour le conduire lorsqu'on ne le monte pas.

ongle, en équilibre, tel un rubis. Un petit jeu de buveurs, en somme. Cette locution a donné lieu à *payer rubis sur l'ongle* (1668), payer comptant et, comme on disait à l'époque, « jusqu'au dernier sou ».

En anglais, on paie depuis le XVIe siècle **on the nail**. Comment traduire ? « Sur le clou » ou « sur l'ongle » ? Si cette question se pose à tout bilingue anglais/français, elle ne semble pas avoir frôlé les exégètes anglophones d'autrefois[1], qui ont choisi le clou. Selon eux, il s'agissait de tables en bronze massif – nommées *nails* – installées dans la rue à l'extérieur de la Bourse de certaines villes anglaises, tables sur lesquelles des affaires étaient souvent conclues. Seul hic : l'expression a précédé de plus d'un siècle l'installation de ce mobilier urbain. C'est donc par « ongle » qu'il faut traduire. Les auteurs de l'*Oxford English Dictionary* renvoient à des variantes de *payer sur l'ongle* dans plusieurs langues européennes, et concluent que l'anglais aura probablement décalqué l'une d'entre elles.

Bien plus récemment, les Américains ont ajouté l'idée de payer **on the barrel** (« sur le tonneau[2] »), allusion aux tonneaux qui, mis debout, servaient parfois de tables dans l'Ouest des pionniers. L'idée de payer « jusqu'au dernier sou » est absente de ces deux formules anglaises, où prime l'immédiateté du paiement.

1. Et pas des moindres, par exemple, le fameux Brewer dans son *Dictionary of Phrase and Fable* (édition originale, 1870).
2. Ou **on the barrelhead**, « sur le fond du tonneau ».

S

Ça ne se trouve pas sous le **sabot** *d'un cheval*

Ne pas se trouver sous le sabot d'un cheval se disait autrefois *ne pas se trouver dans le pas d'un cheval.* Selon les experts, le mot *pas* dans le sens de « trace » étant vieilli, *pied* l'aura remplacé, suscitant la substitution de *dans* par *sous.* Plus récemment, le mot *sabot* a succédé à *pied.* Tout ce développement pour dire que l'expression désigne ce qui est très difficile à trouver, ce qui *ne tombe pas du ciel,* en particulier l'argent.

La rusticité de la formule française vaut bien celle de son équivalent en anglais : **it doesn't grow on trees** (littéralement, « ça ne pousse pas sur les arbres »). À l'automne 2012, le Premier

ministre de l'Inde, Manmohan Singh, a déclaré dans un discours à la nation sur les questions économiques : *« Money doesn't grow on trees. »*
Avant de quitter nos sabots, deux remarques supplémentaires. Pour le verbe *saboter*, l'anglais dira *sabotage*. Un article du mois de juillet 2012, dans la revue *Foreign Policy*, portait le titre « How Republicans sabotaged the recovery » (« Comment les Républicains ont saboté le redressement [économique] »). Et enfin, si je vous ai vu *venir avec vos gros sabots*, en anglais je vous ai vu venir depuis 1,609 km : **I saw you coming a mile off**.

Se faire sacquer

Au XVIIe siècle, « donner son sac » à quelqu'un, c'était le congédier. Les artisans possédaient alors leurs propres outils, les transportant avec eux dans un sac. Lorsqu'ils étaient embauchés, ils laissaient sac et outils chez leur employeur. Si l'employeur n'était pas satisfait de la prestation de l'artisan, eh bien il lui rendait son sac. Cette pratique constitue l'acte de naissance de l'expression argotique, puis familière, *se faire sa(c)quer*, au XIXe siècle.
L'anglais possède également son **get the sack,** expression qui serait calquée sur le français. À cela, on peut ajouter **be fired** (qui remonte au verbe « faire feu »), mais également, **get your walking papers** (« recevoir ses ordres de marche »), **get the boot** (« recevoir

la botte ») voire **get the order of the boot** (« recevoir l'ordre de la botte », un jeu sur la polysémie du mot *ordre*, dans le sens de l'ordre du Mérite, par exemple), et **get the axe** (littéralement, « recevoir la hache »). Après tout cela, *se faire limoger* semble quasi indolore.
Moins facile à comprendre pour un francophone, l'expression américaine **get a pink slip**, « recevoir un bout de papier rose ». Elle remonte au temps où les lettres de licenciement étaient écrites sur du papier rose. Cette couleur était-elle censée adoucir le coup ?

À la **Saint**-*Glinglin*

Parmi les expressions françaises désignant un avenir peu ou pas probable, évoquons deux tournures d'apparence religieuse : *la Saint-Glinglin*, et *à Pâques ou à la Trinité*. Bien sûr, il n'existe pas de « Saint-Glinglin[1] » ; le mot

1. Tout comme il n'existe pas de saints tels que « saint Saucisson » ou – oh ! – « saint Trou-du-cul » ; pourtant ces noms cocasses ont également servi pour désigner un moment indéterminé et très peu probable.

burlesque «glinglin» est censé évoquer des sonneries de cloche. Et si Pâques et la Trinité reviennent chaque année, il est dit dans la chanson «Malbrough s'en va-t-en guerre» – souvenez-vous – qu'il «reviendra-z'à Pâques ou à la Trinité», mais la Trinité passe et «Malbrough ne revient pas».

Parmi les nombreuses expressions anglaises pour véhiculer cette idée, en voici une qui est tout sauf religieuse : **until hell freezes over**[1] («jusqu'à ce que l'enfer soit gelé[2]»). Et une autre qui est tout agricole : **until the cows come home** («jusqu'à ce que rentrent les vaches»). À partir de ces deux locutions fut créée la spirituelle : **until hell freezes over and the cows come skating home over the ice** («jusqu'à ce que l'enfer soit gelé et que les vaches rentrent en patin à glace»).

☞ *Quand les* **poules** *auront des dents* • *Tous les* **trente-six** *du mois*

Raconter des salades

Nous avons tous oublié que le premier propriétaire, si l'on peut dire, du nom *salade* c'est non pas le légume vert, mais un mélange de légumes assaisonné (entre autres) au sel ; oui, c'est le sel qui donne son nom à la salade ! Et c'est le côté mélangé qui régit le développement figuré du mot vers le sens dont il est question ici : réunion de choses confuses, puis mensonges ou histoires. *Raconter des salades*, est-ce très différent de *raconter des craques*[3] ?

---

1. L'allusion à l'enfer de Dante est claire.
2. En anglais, *freeze over* s'emploie habituellement pour dire que la surface d'une rivière ou d'un lac a gelé en hiver.
3. On sait que le verbe *craquer* signifiait, au XVIIIe siècle, «mentir».

L'anglais dira **tell tall tales** («raconter des histoires fantaisistes»); comme *raconter des salades*, cette expression signifie bien «mentir». **Spin a yarn** (littéralement, «filer un fil»), en revanche, véhicule l'idée de raconter une histoire imaginaire. L'accent est mis davantage sur la narration et sa longueur que sur une éventuelle – mais pas nécessaire – intention de mentir. Tout de suite, on imagine une fileuse avec sa quenouille: on se trompe. C'est une expression qui vient du monde maritime; l'activité qu'elle désignait à l'origine consistait à prendre de vieux bouts de cordages pour en faire de nouveaux. Il semble – mais n'est pas cordier qui veut – que, pour bien fabriquer une corde faite de fibres de chanvre, il faille à tout moment la tirer; de là, l'expression en vint à signifier «raconter une histoire en tirant dessus pour l'allonger, en y rajoutant des épisodes imaginaires pour se rendre intéressant».
Enfin – et toujours dans le milieu aquatique – la **fish story** (littéralement, «histoire de poisson»). On reconnaît là le penchant pour des pêcheurs l'exagération: «Ah, le poisson qui m'a échappé… il mesurait ça de long!»

Quel **sale** *type !*

Naturellement, quand on qualifie quelqu'un de *sale individu*, il n'est pas question de propreté, mais de fiabilité, voire de moralité. En anglais, on dira **what a bad egg !** Pourquoi un « mauvais œuf » ? Parce qu'à première vue – de l'extérieur – cette personne semble ne rien avoir d'anormal ; mais, à y regarder de plus près, on constate l'absence des qualités escomptées. Non, non, il ne s'agit pas d'un bandit de grand chemin ; simplement de quelqu'un sur qui on ne peut pas vraiment compter.

L'œuf est présent sous d'autres formes en anglais. *A good egg*, naturellement, est une personne aimable et serviable. On ne voudrait pas pour autant « avoir de l'œuf sur le visage » (*have egg on your face*), c'est-à-dire avoir l'air ridicule, le plus souvent par sa propre faute. L'allusion originelle concernerait soit tout simplement les traces laissées sur son visage par une personne qui n'a pas mangé proprement son œuf à la coque, soit à celles laissées sur la figure d'un orateur chahuté par des jets d'œufs. Aujourd'hui, on se sert de l'expression pour toute situation où l'on se couvre de honte. N'oublions pas l'« intello », *egghead*, terme utilisé en anglais depuis 1907, la tête chauve étant considérée comme signe d'intelligence. Ce terme a connu un riche destin dans le domaine des dessins animés, en anglais ainsi qu'en version française.

Jouer à **saute-mouton**

Lorsque vous jouiez, petit(e), à *saute-mouton*, vous ne saviez peut-être pas que ce nom remonte à *saut de mouton* (1611), vocable de manège qui désigne le « saut capricieux d'un cheval qui, en s'enlevant, baisse la tête, voûte l'épine dorsale en contre-haut, et ramène les extrémités sous le ventre[1] ». En somme, le cheval saute comme un mouton.

Dans les descriptions du jeu d'enfant (désigné par ce vocable depuis le début du XIXe siècle), il est indiqué que le « mouton » est celui qui se courbe, et non pas celui qui saute ; mais dans certaines versions du jeu (*saute-mouton au but*), celui qui se courbe se nomme « cheval ». Voilà qui est bien confus. Et c'est sans évoquer le mouton de Panurge qui, selon certains experts, aurait son mot à dire dans l'affaire. Dernière zone d'ombre : le sauteur passe-t-il par-dessus son partenaire courbé positionné de dos ou de profil ? Les images françaises semblent indiquer de profil, les anglaises, de dos.

1. Pierre Larousse, *Grand Dictionnaire universel* (1865-1876).

Le nom anglais de ce jeu est **leapfrog** (littéralement, « saute-grenouille »), et l'explication semble toute banale : la rapide extension des jambes pendant le saut ressemble bien à celle que l'on voit chez la grenouille. Mais attention : si vous jouez à ce jeu avec des anglophones, c'est le saut le long du corps qui est de rigueur.

Elle m'a passé un **savon**

Cette expression remonte au XVIIe siècle, et à *savonner la tête de quelqu'un*, c'est-à-dire le réprimander. Mais il ne s'agit pas ici de petites remontrances[1] ; c'est bien plus que de *secouer les puces* à quelqu'un, ce qui aurait l'air presque gentillet à côté.

En anglais, passons du plus tendre au plus brutal : **tell someone off** (le réprimander), ou **give someone a tongue-lashing** (littéralement, « le fouetter avec la langue[2] »). Puis, **haul someone over the coals** (littéralement, « le traîner sur les charbons… » sous-entendu ardents[3]). L'origine de cette expression réside dans le sort réservé aux supposés hérétiques au Moyen

1. Ceci me rappelle irrépressiblement un souvenir de mon enfance canadienne, la punition faite à l'enfant qui utilisait des gros mots. Sa mère lui lavait l'intérieur de la bouche avec une savonnette (*she washed his mouth out with soap*). Ça, c'est passer un savon !

2. N'ayez pas l'esprit mal tourné : aucune allusion sexuelle cachée ici.

3. On rencontre également **rake someone over the coals**.

Âge. Nous l'avons vu (p. 65, **Sur des charbons ardents**), pour déterminer si une personne était hérétique, on lui faisait subir l'épreuve des charbons ardents, en y traînant son corps : si elle en mourait, le verdict était clair, et la mort méritée ; si elle survivait, elle était innocente, et brûlée au troisième degré.

☞ *Sur des* **charbons** *ardents* • *Se faire remonter les* **bretelles**

Mettre son grain de **sel**

Mettre son grain de sel, c'est s'immiscer dans une conversation pour apporter une contribution plus ou moins désirée ; l'expression remonte au latin *cum grano salis*, tournure qui n'avait pas la valeur péjorative de l'expression moderne. En anglais, on dira **put in your two cents worth** (« en mettre pour deux *cents*[1] ») et, surtout aux États-Unis, **put**

1. Il s'agit de la centième partie d'un dollar américain ; cette langue aura emprunté à l'anglais britannique sa formule de sens équivalent : *tuppence worth, two penny worth* (le *penny* est la centième partie d'une livre sterling).

in your two bits worth (littéralement, « en mettre pour deux morceaux, deux bouts[1] »). Avant que les États-Unis ne frappent leur propre monnaie, c'était le dollar espagnol qui servait pour les transactions : ce dollar, la fameuse « pièce de huit » (*peso de ocho*), était divisé en huit *reales*, et le mot *bit* désignait familièrement chacun de ces huit réaux. Lorsque les États-Unis passèrent au dollar américain, décimal, lui, le huitième de dollar disparut, mais le quart de dollar (25 *cents*) persista, donc *two bits*.
Dernière expression pour désigner cette sorte de contribution non désirée : **stick your oar in**[2] (littéralement, « insérer votre rame »). C'est l'idée que la rame de quelqu'un d'autre vient brusquement gêner vos efforts de rameur.

J'aurais voulu être une petite **souris**

Quelles qualités la souris et la mouche ont-elles en commun, hormis celle de participer à une expression qui véhicule l'idée d'observer en cachette une scène croustillante ou insolite ? En français, c'est le souhait d'*être une petite souris*, en anglais celui d'être une mouche accrochée au mur, **a fly on the wall**. Les deux expressions se comprennent aisément : voilà deux animaux qui sont souvent présents à notre insu. Voire.
L'expression anglaise a eu une riche descendance, puisqu'elle a donné son nom à un style cinématographique

1. À noter que le mot *bit*, « morceau », remonte au verbe *bite*, « mordre ». L'idée est que chaque *bit* est une portion d'un ensemble, comme une bouchée représente une partie de l'aliment que l'on mange.
2. Sous une forme plus complète, *don't stick your oar in my boat* (« ne mettez pas votre rame dans ma barque ») ; aujourd'hui, la tournure est raccourcie.

documentaire qui s'est développé dans les années 1960, avec l'avènement de matériels de prise de vues légers et mobiles. Selon les principes de ce style, la caméra fonctionne comme un observateur non intrusif des personnes et de leur vie ; la trame du film est racontée non par une voix-off, mais par la voix et les images des sujets filmés.

Quel est le nom français de cette méthode ? D'évidence le style « mouche-au-mur » ne passerait pas. Pas plus que le style « petite-souris ». Non, non, le français ne mange pas de ce pain-là. C'est tout simple, et philosophiquement plus ambitieux : il s'agit du *cinéma-vérité*, celui par lequel s'est illustré le cinéaste ethnographe Jean Rouch. Le style **fly-on-the-wall**, après ses débuts dans le monde du film documentaire, fut adopté par la télévision, et plusieurs séries télévisées ont été produites selon cette méthode, d'où, quelques décennies plus tard, la *téléréalité* qui n'a pas grand-chose à voir avec le *cinéma-vérité*.

Une dernière remarque à propos de la petite souris, celle qui vient chercher les dents de lait des enfants. Les souris anglaises ne savent pas accomplir cette tâche, et la laissent à une fée dont c'est la seule charge : *the tooth fairy*.

T

Faire **tapisserie**

Si *faire tapisserie* s'applique à toutes sortes de situations où l'on est présent sans pour autant participer, son domaine d'application privilégié est le bal : les filles attendant un cavalier qui ne se matérialise pas sont réduites à un rôle décoratif, rangées le long du mur. En anglais : **wallflower** (littéralement, « fleur de mur ») : cette fleur – la giroflée – pousse souvent dans le mortier des murs anciens.

Profitons de cette halte florale pour rappeler quelques autres noms de fleur poétiques :

FRANÇAIS	ANGLAIS	TRADUCTION LITTÉRALE
Belle de jour	*Morning glory*	Gloire du matin
Belladone	*Deadly nightshade*	Ombre de nuit mortelle
Bouton d'or	*Buttercup*	Tasse de beurre
Campanule	*Bellflower*	Fleur en clochette
Centaurée	*Bachelor's button*	Bouton de célibataire
Chèvrefeuille	*Honeysuckle*	Téton de miel
Coucou	*Cowslip*	Bave[1] de vache
Digitale	*Foxglove*	Gant de renard
Gueule de loup	*Snapdragon*	Dragon happeur
Myosotis[2]	*Forget-me-not*	Ne m'oubliez pas
Nigelle	*Love-in-a-mist*	Amour dans la brume
Rose trémière[3]	*Hollyhock*	Mauve sacrée[4]
Sabot de Vénus	*Lady's slipper*	Chausson de dame

Naturellement, il existe de nombreux autres noms pour désigner ces mêmes fleurs. Le bouquet présent est réuni pour sa beauté.

1. Le mot *slip* date de l'an 1000 ; l'étymologie originelle n'est plus perceptible.
2. Dans le grec d'où est tiré ce mot, le sens est « oreille de souris », allusion à la forme des feuilles de cette plante.
3. À l'origine, rose d'outre-mer.
4. À l'origine, *holy* ; le second *l* est un ajout du XVIIIe siècle à ce nom qui est né cinq cents ans plus tôt. Merci à Henri Theureau pour ces traductions libres.

Tâter *le terrain*

À l'origine, cette expression décrivait le comportement d'un cheval qui marche légèrement, avec hésitation, comme pour s'assurer de la fermeté du sol. Le sens figuré que nous lui connaissons aujourd'hui date du XIXe siècle.

En anglais, la locution équivalente fait également appel à une extrémité, mais plutôt celle d'un être humain : **dip a toe in the water** (« tremper un doigt de pied dans l'eau »). L'allusion est claire : avant de nager dans l'eau, on souhaite voir si elle est bonne.

Il est un autre terrain, autrement plus dangereux : le terrain glissant. L'équivalent en anglais nous renvoie de nouveau à l'eau, mais cette fois sous forme de glace. Si vous êtes – ici nous sommes dans l'expression imagée et non pas au premier degré – *en terrain glissant*: **you're skating on thin ice** (la glace sur laquelle vous patinez n'est pas bien épaisse). L'expression rappelle un jeu hivernal de gamins casse-cou, en Nouvelle-Angleterre : ils patinaient sur des lacs dont l'eau n'était pas gelée en profondeur… à leurs risques, périls et grande joie.

Le **téléphone** *arabe*

L'expérience française de l'Afrique explique la naissance dans les années 1960 de trois expressions, *téléphone arabe, téléphone kabyle* et *téléphone de brousse*: il s'agit, naturellement, de la transmission rapide de nouvelles de bouche à oreille – en un mot, de la rumeur. À Tahiti, c'est *radio-cocotier*. Selon le milieu, on dira, depuis, *radio-couloir*, *radio-moquette*, voire *radio-trottoir*, en France métropolitaine ; ou on évoquera les conversations autour de la machine à café... Cette même expérience de colonisateur explique la naissance en anglais britannique du **jungle telegraph**. Dans la jeune Amérique, le **grapevine** (**telegraph**) – le « télégraphe de la vigne » – était considéré comme la voie par laquelle les Noirs et les Indiens communiquaient entre eux. Cette appellation renvoie aux lignes du télégraphe accrochées à des arbres entre Placerville et Virginia City en 1859 qui, déjà pas très bien tendues à leur installation, s'étaient relâchées par endroits, et étaient tombées au sol, s'enroulant et serpentant un peu comme des trilles de vigne. C'est du moins ce que l'on a prétendu.

Vers la fin du XIXe siècle, en Australie, naquit le **bush telegraph**, censé être un dispositif de communication entre criminels pour signaler les mouvements de la police. Dans tous les cas, l'individu dominant est mystifié par l'efficacité du réseau de communication de celui qu'il soumet.

Une **tempête** *dans un verre d'eau*

Voici une expression dont l'héritage est auguste : elle remonte à la Rome antique. Cicéron, tout d'abord, est réputé avoir employé une locution de cette eau, si vous me permettez, autour de l'idée d'une tempête dans une louche (*excitare fluctus in simpulo*). Au IIIe siècle, dans son *Deipnosophistae*, le rhétoricien Athénée en offre une nouvelle version, quand il fait dire à un personnage commentant la description d'une tempête : « J'ai vu des orages plus violents dans une marmite sur le feu. »

L'idée s'est étendue à de nombreuses langues, et vous ne serez pas étonné(e) d'apprendre qu'en anglais la formule est **tempest in a teapot** (tempête dans une théière) aux États-Unis, et plutôt **tempest in a teacup** (tempête dans une tasse à thé) au Royaume-Uni.

La personne qui *se noie dans un verre d'eau* est souvent celle-là même qui fait une montagne de quelque chose qui ne mérite pas qu'on s'y attarde : **make a mountain out of a molehill** (faire d'une taupinière une montagne). Admirons, en passant, ce bon mot de Dolly Parton, la chanteuse country américaine connue, au-delà de ses chansons, pour son opulente poitrine : *Plastic surgeons are always making mountains out of molehills* (« Les chirurgiens esthétiques passent leur vie à transformer les taupinières en montagnes »).

À la **tienne**, *Étienne !*

Les langues germaniques, généreuses, ont offert *trinquer* au français, et *drink* (« boire ») à l'anglais. Les petites phrases traditionnelles qui accompagnent le moment où l'on fait s'entrechoquer les verres sont assez semblables dans les deux langues, tournant fréquemment autour de la santé[1]. Depuis 1848, au moment d'un toast, l'anglais disposait d'une expression relativement familière, qui véhiculait l'idée que l'on observe l'autre en buvant à sa santé : **look towards someone** ou **look at someone** (d'ailleurs, assez souvent, on se fait un point d'honneur à bien se regarder dans les yeux au moment où les verres s'entrechoquent). Si, aujourd'hui, cette expression tend à disparaître, elle nous permet, tout à coup, de comprendre le toast de Humphrey Bogart dans *Casablanca*: **here's looking at you**.

1. Les anglophones disent même le mot français *santé*, et parfois l'allemand *prosit* à cette occasion. Certains personnes disent *cheers !*, qui découlerait du français *chère* (celui de la *bonne chère*). Il existe également le *cul sec !*, *bottoms up*, mais l'objectif est tout autre.

Autre toast du XXe siècle, encore une fois, plutôt familier, **here's mud in your eye** («voilà de la boue dans ton œil»). Les explications en sont nombreuses: allusion à un passage de la Bible où Jésus guérit un aveugle en appliquant de la boue sur ses yeux (Jean, 9:6); expression née dans les tranchées de la Première Guerre; locution de turfiste. Allez savoir.

Terminons cette tournée par un coup d'œil au mot *toast*. La théorie la plus communément admise à propos de l'acception présente est celle-ci: au XIVe siècle, l'anglais emprunte au français le verbe *toster* («griller», «rôtir»). Lorsque, au XVIIe siècle anglais, on buvait à la santé d'une dame, son nom devait parfumer la rasade comme un morceau de toast épicé que l'on aurait trempé dans la boisson[1]. Au XVIIIe siècle, ce mot et sa nouvelle acception – boire à la santé de quelqu'un – reviennent en France.

Au fait, connaissez-vous cette histoire de toast anglais? Anne Boleyn prenait un bain entourée de nombreux prétendants; chacun, pour lui faire la cour, prit un verre, puisa dans l'eau de son bain et but. Un seul s'abstint, s'expliquant ainsi: «Je me réserve le toast.»

Décrocher la **timbale**, *gagner le gros lot*

Ces expressions proviennent toutes deux d'une pratique désormais perdue: l'ascension du mât de cocagne[2]. C'était

1. Il semble que dans l'Antiquité – où le vin était fort mais pas de très grande qualité – on faisait passer la coupe de vin coupé d'eau, agrémenté un morceau de pain grillé et souvent parfumé d'épices, pour atténuer son goût acide. L'invité(e) d'honneur finissait la coupe… et avalait le morceau de toast.

2. Le premier mât de cocagne recensé en France date de 1425.

un poteau haut de plusieurs mètres enduit d'une substance glissante (graisse, suif...) au sommet duquel étaient suspendus divers objets ou victuailles alléchantes, dont l'inévitable jambon. Chaque participant devait essayer d'escalader le mât. Lors de fêtes importantes, parmi les lots était accrochée une timbale d'argent, considérée comme le premier prix.

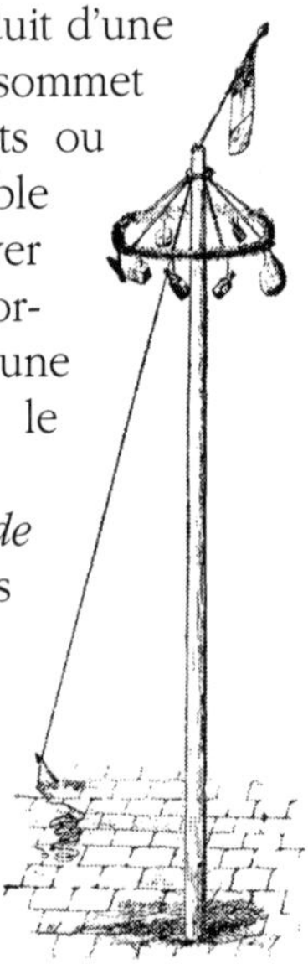

L'anglophone connaît bien le *pays de cocagne* (**land of milk and honey**, « pays du lait et du miel »), contrée imaginaire où tout est bonheur et bien-être, mais l'anglais n'y fait pas figurer le jeu du mât de cocagne, plus amusant à regarder qu'à pratiquer[1]. La locution anglaise la plus proche de *décrocher la timbale* ou de *gagner le gros lot* serait **hit the jackpot** (littéralement, « toucher le pot à valets »). C'est une expression du monde du poker, relativement récente (1881), mais, depuis plus d'un siècle, elle s'est étendue à bien d'autres milieux. À l'origine, le pot en question est la cagnotte, dont la valeur s'est accrue après quelques tours du jeu, et que l'on peut gagner avec une paire de valets... si l'on sait parfaitement « bluffer » !

1. Le jeu existe tout de même et est pratiqué depuis plus d'un siècle – parfois annuellement – dans diverses localités des États-Unis, du Canada, voire de l'Angleterre : il se nomme *greasy pole* (« poteau graissé »), et le poteau peut être placé horizontalement (au-dessus d'un lac, par exemple), ou verticalement. On ne trouve pas de timbale à l'extrémité du poteau, tout au plus un drapeau.

Du même **tonneau**

Du même tonneau, signifie « du même genre », péjorativement. Cette expression désigne une similitude et non pas une identité absolue.

En anglais, la ressemblance péjorative, on ne connaît pas. L'idée de similitude (sans être une identité exacte) peut être rendue par : **cut in the same cloth** (littéralement, « coupé dans le même tissu »). Pour ceux qui s'y connaissent en couture, il est essentiel, s'agissant d'un costume, que la veste et le pantalon proviennent du même rouleau de tissu, histoire de s'assurer que toutes les particularités de couleur, de tissage, etc. soient identiques. Pourtant, cette expression n'implique pas la ressemblance absolue qu'évoquerait, par exemple, la comparaison « comme deux gouttes d'eau ».

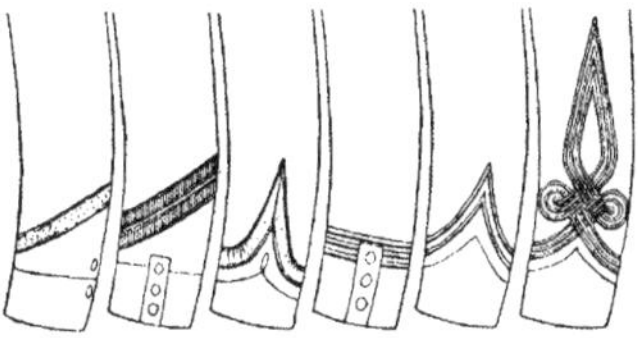

Autre version, plutôt américaine, **of a similar stripe**. De prime abord, on pourrait traduire par « rayé de la même bande » – qui ne connaît le drapeau américain ? *stars and stripes*, « étoiles et bandes » –, mais ce serait oublier un autre sens du mot *stripe* : « galon ». Le point de départ de l'expression serait donc le galon militaire ; deux entités se ressemblant auraient, comme qui dirait, le même rang dans la hiérarchie.

Le **torchon** *brûle*

Quand *le torchon brûle*, il y a querelle. Entre mari et femme ? Pas nécessairement ! Serait-ce à cause du torchon à

vaisselle, autrement nommé torchon de ménage que l'expression est si souvent employée pour désigner une dispute entre époux? On se le demande. Les lexicographes sont cependant formels : le torchon dont il est question ici n'est pas le linge utilisé pour essuyer la vaisselle, mais plutôt une petite torche, c'est-à-dire un flambeau ; et la dispute n'est pas nécessairement une affaire de ménage. Avec une précision admirable, ils datent l'expression de 1798. Avec presque autant d'exactitude, ils nous apprennent que le mot pour ce morceau de toile qui sert à essuyer la vaisselle date de 1330 *environ*. Il ne manque qu'une chose : une explication de la locution. On ne se trompera guère en affirmant que de nombreux spécialistes se sont cassé les dents sur ce torchon.

En anglais, les expressions équivalentes sont un peu plus récentes, et l'on ressent davantage l'aspect conflictuel : **bust-up** (littéralement, « explosion ») ou **run-in** (intraduisible, originellement, « course au finish[1] »). Reste l'admirable **argie-bargie**[2] (encore intraduisible !) des Britanniques, une réduplication fondée sur une perversion du verbe *argue* (« se disputer ») ou bien une confusion autour de *haggle*

1. En plus de l'acception dans le monde des courses hippiques, ce terme sert également au rugby.

2. Également orthographié *argy-bargy*. Prononciation de la dernière syllabe de chaque composante de l'expression comme le début du mot français *djinn*.

(« marchander »). L'expression n'est pas d'une élégance infinie, et c'est plutôt dans la presse tabloïde que vous la rencontrerez, décrivant une querelle assez vulgaire, voire mesquine.

Prendre le **train** *en marche*

Prendre le train en marche, voilà une expression récente en français (milieu du XXe siècle) ; sans valeur franchement négative, elle signifie s'associer tardivement à une action déjà en cours.

L'anglais possède une locution équivalente, haute en couleur : **jump on the bandwagon**[1], littéralement « sauter à bord du chariot hippomobile qui transporte la fanfare en action ». Ce véhicule faisait partie de la caravane des cirques, comme celui, légendaire, de Barnum aux États-Unis. Pour rameuter le public en vue du spectacle du soir, l'orchestre était promené à travers la ville ; même principe

1. Ou bien **hop on the bandwagon**, même sens.

que celui de la parade[1]. Ce type de «racolage» s'est élargi au monde politique ; le candidat était présent sur le chariot qui annonçait le meeting du soir. Lors des campagnes présidentielles de William Jennings Bryan (1896 et 1900 ; il ne gagnera pas), l'expression est déjà présente dans l'anglais américain, avec une valeur figurée. Elle garde un petit côté péjoratif en anglais : les ralliés de la dernière heure sont soupçonnés d'être un peu intéressés…

Sur son **trente et un**

Les spécialistes des expressions françaises sont d'accord : ils ne savent pas d'où vient ce sacré 31. Ils rejettent une allusion au tissu nommé *trentain* dont la trame était formée de trente centaines de fils, ou une autre à un jeu de cartes du même nom. Ils notent en passant, sans davantage les

1. «Au XVIIe siècle, *parade* est entré dans le domaine du spectacle, se référant à la scène burlesque que l'on joue à l'entrée d'un théâtre forain pour inciter les spectateurs à entrer.»

expliquer, des expressions telles que « être sur son trente-deux » (les frères Goncourt), ou « être sur son cinquante et un » (Balzac). Et l'évocation du dernier jour du mois n'est pas vraiment… concluante.
Les spécialistes des expressions anglaises sont eux aussi d'accord sur l'impossibilité d'établir avec certitude d'où vient l'anglais **dressed up to the nines** (XVIIIe siècle). Non, l'idée qu'il fallait neuf *yards*[1] de tissu pour se faire tailler un bon costume (c'était vous, et non pas votre tailleur, qui deviez être riche !) ne tient pas la route. De même a-t-on rejeté une théorie selon laquelle ce *the nines* serait une façon de rendre *thine eyes* (« tes yeux »). Reste l'idée – mais tous ne la défendent pas – qu'il s'agirait peut-être d'une allusion aux neuf Preux (Hector, Josué, le roi Arthur, Alexandre le Grand, le roi David, Charlemagne, Jules César, Judas Macchabée et Godefroy de Bouillon) ou bien aux neuf Muses : *the nine [Muses].*
À noter que l'expression anglaise comporte un petit aspect flamboyant qui n'est pas nécessairement présent en français. Dans le genre flamboyant, l'anglais offre également **all dolled up** (intraduisible : c'est le substantif *doll*, poupée, transformé en verbe et intensifié : tout un programme !), expression qui date du début du XXe siècle.

☞ *S'***endimancher**

Tous les **trente-six** *du mois*

Que d'expressions pour désigner les événements ayant peu de chances de se réaliser ! *Tous les trente-six du mois* ainsi que *la semaine des quatre jeudis* sont aisément

1. Un *yard* vaut 0,9144 m.

déchiffrables par le francophone[1]. Si l'on comprend l'expression *aux calendes grecques*, ses origines (une plaisanterie savante à propos d'un dispositif de division calendaire existant à Rome mais non pas en Grèce, au premier siècle de notre ère) sont inconnues de la plupart des personnes qui s'en servent aujourd'hui. D'ailleurs le mot *grecques* tend même à disparaître de l'expression. « Lui ? Il te remboursera aux calendes ! »

En anglais, d'un événement qui ne se produit que très exceptionnellement, on dira qu'il a lieu **once in a blue moon** (« une fois par lune bleue »). L'origine exacte de cette locution a disparu dans les brumes nocturnes, même si une hypothèse communément acceptée aux États-Unis renvoie aux années caractérisées par treize (et non pas douze) pleines lunes : la lune surnuméraire, en quelque sorte, serait de couleur bleue. Enfin, d'une action dont on croit qu'elle ne se réalisera jamais, on peut dire **never in a month of Sundays**, « jamais, (même) pendant un mois constitué de dimanches », autrement dit, trente dimanches.

☞ *À la* **Saint**-*Glinglin* • *Quand les* **poules** *auront des dents*

1. Encore que… La semaine des *trois* jeudis a précédé de plusieurs siècles celle des quatre ! Furetière disait déjà en 1690 : « On dit proverbialement, en parlant d'une chose impossible, qu'elle se fera la semaine des trois jeudis. » Il ne pouvait pas savoir que de 1882 à 1972 le jeudi serait le jour de congé des écoliers.

À tue-tête

Qu'est-ce qui est « tué » dans cette expression ? Quand on sait qu'au cours de son évolution le verbe *tuer* a signifié diversement « éteindre », « dégrader », « fatiguer », « frapper », on comprend mieux : si quelqu'un crie à tue-tête, il vous casse la tête. Au XVIe siècle, *tuer la tête à quelqu'un* signifiait l'importuner.

L'anglais possède **scream at the top of your lungs** (crier/hurler à pleins poumons), mais il offre quelques autres tournures : **scream yourself silly** (« crier jusqu'à se rendre idiot », c'est-à-dire à se faire tourner la tête), et **scream yourself hoarse** (crier jusqu'à en perdre la voix) se comprennent aisément. On ne s'étonnera pas de **scream loud enough to waken the dead** (« crier à réveiller les morts »). Enfin, **scream your head off** (« crier à s'en arracher la tête ») nous ramène à la caboche – sauf que, cette fois, on est carrément dans la décapitation[1]. Et on reste loin de la *tuerie* des jeunes gens à la mode en ce début de XXIe siècle.

1. À noter que l'idée de faire quelque chose jusqu'à s'en arracher la tête est assez répandue en anglais : une action dont le siège est la tête est répétée jusqu'au paroxysme, en quelque sorte. Ainsi les verbes *laugh, cry/bawl, sneeze, yell, lie* (respectivement « rire », « pleurer/brailler », « éternuer », « crier », « mentir ») peuvent-ils être intensifiés par l'ajout de la formule *my/your/his* (etc.) *head off*.

V

Quel bol, ce **veinard** *!*

Au XIIe siècle, la *veine*, c'était l'inspiration de l'artiste. Par étapes, ce mot a évolué pour désigner une bonne chance, puis un heureux hasard (XIXe siècle), d'où *veinard*. Là, nous sommes en tout bien tout honneur. Mais si l'on a beaucoup de chance – et si sa parlure est légèrement moins élégante – on dira que l'on a *du bol*, *du pot*, *du cul*, voire *le cul*

bordé de nouilles[1]. Dans chacun des cas, c'est l'anus qui est évoqué. Lieu de chance ? Voire !

Pas de cul en anglais, mais pas tout bien tout honneur non plus ! De quelqu'un qui est veinard, on dira **lucky devil** (littéralement, « diable chanceux ») et, parfois, **he has the devil's own luck** (« il a la chance du diable lui-même ») ; d'ailleurs, en français, ne dit-on pas *il a eu une chance du diable/de tous les diables* ? Selon une croyance bien puritaine, la chance n'était pas de ce monde, elle était disponible uniquement au paradis ; si l'on avait de la chance avant de mourir, eh bien c'était l'œuvre du diable.

Si vous avez un *coup de veine*, c'est que vous avez bénéficié d'un *lucky fluke (*un événement fortuit qui porte chance). Et quand la chance semble vous sourire en continu, on dira **you're on a lucky streak**[2] (« sur une traînée de chance », littéralement) ou bien **you're on a roll** (États-Unis). Cette dernière expression vient du vocabulaire du jeu[3] : vous avez *la main heureuse*. Ces locutions s'entendent partout, pas seulement dans les casinos et autres tripots.

Vendre *la mèche*

Quelle est la mèche que l'on vend lorsqu'on vend la mèche ? C'est ce cordon de coton qui brûle dans une lampe,

1. Non, nous n'allons pas parler d'hémorroïdes ici !

2. Formule que vous reconnaîtrez pour l'avoir entendu mille fois dans la chanson d'Irving Berlin, « Cheek to Cheek », chantée par Fred Astaire (dans le film *Top Hat*, en français *Le Danseur du dessus*, 1935), Ella Fitzgerald, Nat King Cole ou, plus récemment (2000) Kenneth Branagh (dans *Love's Labour's Lost*, d'après Shakespeare, en français *Peines d'amour perdues*). Plus précisément, il s'agit du *gambler's lucky streak*, la veine du joueur.

3. En anglais, *roll the dice*, c'est jeter les dés.

par exemple, ou – et c'est le sens ici – qui va mettre le feu à un explosif. Notre expression, qui relève du langage de l'artificier, est passée par plusieurs stades : *éventer la mèche* (1580), *découvrir la mèche* (1594) et enfin *vendre la mèche* (1830). Toutes ces locutions signifient désamorcer une machine infernale puis, au figuré, dévoiler le secret d'un complot.

En anglais, on dira **let the cat out of the bag** (littéralement, « laisser le chat s'échapper du sac »). Nous sommes dans le même champ sémantique que *dévoiler le pot aux roses* (expression ayant quelques relents érotiques, d'après certains spécialistes), mais l'expression anglaise semble un peu plus neutre. Par exemple, lorsque mon père a acheté une jolie petite bêche comme cadeau d'anniversaire à ma mère, il a demandé à la petite fille que j'étais de ne pas tout raconter à l'intéressée : **don't let the cat out of the bag**. Citation plus éminente, celle de Charlotte Brontë dans *Shirley* (1849) : il est question d'un vicaire, Peter Augustus, qui a quitté la paroisse sans odeur de sainteté, si je puis dire ; l'auteur qualifie quelques-uns de ses défauts, laisse des points de suspension pour évoquer l'un d'entre eux, et ajoute : *This last epithet I choose to suppress, because it would let the cat*

out of the bag («Ce dernier qualificatif, je choisis de le supprimer, car il dévoilerait le pot aux roses»).

☞ **Motus** *et bouche cousue* • *Acheter* **chat** *en poche* • *Se* **déboutonner**

Dire ses quatre **vérités** *à quelqu'un*

Parmi les nombreux rôles dévolus au chiffre quatre, on trouve celui d'une place intermédiaire entre la notion de minimum et celle de pluralité.

Il peut désigner le peu. L'expression *quatre pelés et un tondu*[1] (groupe minime et peu digne d'intérêt) n'a pas véritablement d'équivalent en anglais[2]; tout au mieux **motley crew** (littéralement, «équipe disparate»; «drôle de bande»), mais cette expression laisse de côté le faible nombre.

Accent sur le faible nombre également, dans *à quatre pas*; si j'habite à quatre pas de chez vous, c'est **just down the road/street**, ou bien **a hop, skip, and a jump away** (littéralement: «un peu plus loin sur le chemin/dans la rue»; «à un bond, une cabriole et un saut d'ici»).

Mais le quatre peut également renvoyer à ce qui est perçu comme un grand nombre. S'agissant de monter des

1. Autrefois *trois tondus et un pelé* (Furetière), *trois teigneux et un pelé* (Rabelais), où le mot *pelé* désigne un avare, une canaille, un miséreux. On se rappelle également l'âne, *ce pelé, ce galeux* dans «Les Animaux malades de la peste» de Jean de La Fontaine. Maurice Rat remarque: «Il semble qu'il reste quelque chose du sens propre dans les expressions *un pelé* (quelqu'un atteint de la pelade) et *un tondu* (quelqu'un à qui on a dû tondre les cheveux, parce qu'il avait la teigne), donc des gens malsains, malpropres» (*Dictionnaire des expressions et locutions traditionnelles*, Larousse, 2000).

2. Et certainement rien d'aussi poétique que l'équivalent espagnol *dos, y el de la guitarra*: «deux, plus l'homme à la guitare».

marches *quatre à quatre*, l'anglais n'offre aucune expression ; c'est un verbe qui rendrait l'idée, par exemple **race up the stairs** (« courir en montant l'escalier »).

Enfin, plus flou quant au nombre, *un de ces quatre (matins)*, **one of these days** (« un de ces jours »). Idem pour *dire ses quatre vérités* à quelqu'un ; c'est lui dire **a few home truths** (« quelques vérités bien de chez nous[1] »). La locution française, comme son équivalent anglais, véhicule l'idée que ces vérités ne seront pas très agréables à entendre.

☞ *Se mettre en* **quatre** • **Quatre** *fers en l'air* • *Entre* **quatre**-*z-yeux* • **Quatre** *quarts*

À **vol** *d'oiseau*

Quand il s'agit de mesurer des distances *à vol d'oiseau*, le préposé ailé à cette tâche dans le monde anglophone, c'est le corbeau, et ce depuis plusieurs siècles. Pourquoi

1. Littéralement, de la maison. L'anglais possède également *tell someone off*, qui pourrait se traduire par « l'engueuler ».

lui, demandez-vous, puisque son vol est caractérisé par de grands arcs plutôt que de longues lignes droites[1] ? Pourquoi pas un oiseau migrateur ? À vol de cigogne, ce serait joli, non ? Allez savoir. Mais c'est **as the crow flies** (littéralement, « comme vole le corbeau ») que s'effectue une mesure en ligne droite, laquelle n'est pas soumise aux sinuosités, contours et détours que la topographie impose aux routes construites par l'homme.

Alors que ce n'est pas son aire naturelle, notre corvidé bénéficie d'une renommée supplémentaire grâce au monde maritime : le mot anglais pour *hune* est *crow's nest* (« nid de corbeau »). On dit qu'autrefois les Scandinaves emportaient des corbeaux en cage avec eux dans leurs vaisseaux, et que, lorsqu'ils sentaient que la terre ferme n'était pas loin,

1. On a l'impression que l'anglais était particulièrement prescient dans le domaine d'un autre vol direct : se diriger tout droit vers quelque chose, c'est *make a bee-line* (s'y rendre « à vol d'abeille »). L'expression naît en 1830, plus d'un siècle avant les travaux de Karl von Frisch sur le sens de l'orientation des abeilles.

les cages étaient hissées en haut du mât, et les corbeaux lâchés : le vaisseau n'avait qu'à les suivre jusqu'au rivage. Avec son arche, Noé a fait faire un travail similaire au corbeau : « Au bout de quarante jours, Noé ouvrit la fenêtre qu'il avait pratiquée dans l'arche. Il lâcha le corbeau qui partit allant et revenant, jusqu'à ce que les eaux eussent laissé la terre à sec » (Genèse, 8:6-7). C'est seulement par la suite qu'il envoie la colombe.

Joli héritage pour notre ami sur un arbre perché !

YZ

Ça lui a coûté les **yeux** *de la tête*

Cela coûte *les yeux de la tête* ou, version moins élégante, *la peau des fesses.* Nous n'irons pas plus loin dans ces expressions françaises-là, dont l'étymologie ne semble pas faire l'unanimité. S'il faut classer les expressions équivalentes en anglais, par ordre de « cherté », on commencera par **a pretty penny**, que Brewer définit délicatement comme « une somme d'argent considérable, une somme d'une grandeur déplaisante[1] ». Viendrait ensuite **the earth** (la Terre) ; la

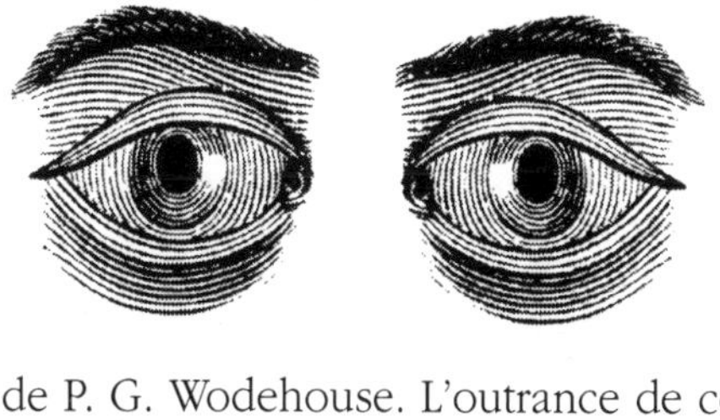

première attestation de **cost the earth** dans l'*Oxford English Dictionary* date de 1924, et provient d'un roman de P. G. Wodehouse. L'outrance de cette expression – on ne peut vendre ni acheter la Terre – restreint légèrement sa portée : sa valeur reste métaphorique. Plus brutal, plus

1. *Brewer's Dictionary of Phrase and Fable*, 1997.

récent, et plus cher encore, **an arm and a leg**. À moins d'être assureur, on n'imaginerait pas la valeur marchande d'un bras ou d'une jambe : ces membres sont hors de prix. Il semble que cette expression fit son apparition vers la fin des années 1940, juste au moment où de nombreux Américains revinrent, mutilés, de la Seconde Guerre mondiale.

Un drôle de zèbre

C'est l'étrangeté de la lettre *Z* qui, dit-on, aurait conduit à l'extension de sens donné au nom de l'équidé à rayures (fin XIXe siècle). Un *drôle de zèbre* ne serait pas si différent d'un zig, d'un zazou. Comme le francophone, l'anglophone

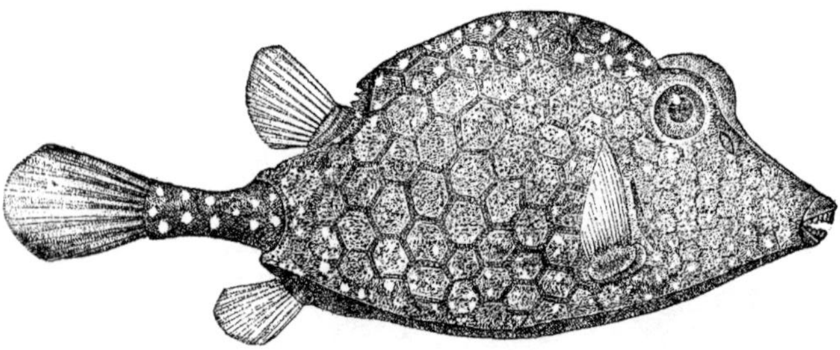

trouve à la lettre *Z* un petit côté insolite, mais, pour lui, ce zigoto est un **queer fish** (littéralement, « poisson bizarre »). À ne pas confondre avec le **cold fish** (littéralement, « poisson froid ») qui, en français, est un *pisse-froid*.
Mais tout n'est pas négatif dans les expressions à base de poisson. On dit d'une *gloire locale* qu'elle est **a big fish in a small pond** (« un gros poisson dans un petit étang »). L'équivalent anglais de *un de perdu, dix de retrouvés*, c'est **there**

are plenty of other fish in the sea (littéralement, « il y a de nombreux autres poissons dans la mer ») ; d'ailleurs, cette expression connaît actuellement une nouvelle jeunesse en servant de nom à un site de rencontres pour âmes solitaires. Lors du premier rendez-vous, la dame devra-t-elle mettre des *bas résilles*: **fishnet stockings** (littéralement, « bas en filet de pêche ») ?

☞ *Quelque chose de* **louche**

Index des mots français

INDEX DES MOTS ANGLAIS

Bibliographie

Ouvrages portant sur les expressions imagées :

BURVENICH Arthur, *English Idioms and Colloquialisms*, W. J. Thieme, 1905.

CHIFLET Jean-Loup, *Sky, my husband !*, Hermé, 1985.

Dictionnaire des proverbes et des façons de parler comiques, burlesques et familières, Pancoucke, 1758.

DARRAS Claude, *Petites Histoires des mots et des expressions*, Victoires, 2012.

DUNETON Claude, *La Puce à l'oreille*, Stock, 1978.

FLAVELL Linda & Roger, *Dictionary of Idioms*, Kyle Cathie, 2006.

FLEXNER Stuart Berg, *Listening to America*, Simon & Schuster, 1982.

FOUFELLE Dominique, *Expressions désuètes*, Chêne, 2012.

FUNK Charles Earle, *Heavens to Betsy !*, Harper, 1955.

——, *A Hog on Ice*, Harper, 1948.

GUILLEMARD Colette, *L'affaire est dans le sac*, Bartillat, 2003.

——, *La Fin des haricots*, Bartillat, 2002.

GUIRAUD Pierre, *Les Locutions françaises*, PUF, 1962.

HENDRICKSON Robert, *The Facts on File Encyclopedia of Word and Phrase Origins*, Facts on File, 2000.

MORRIS William & Mary, *Morris Dictionary of Word and Phrase Origins*, Harper & Row, 1977.

PARKINSON Judy, *From Hue and Cry to Humble Pie*, Michael O'Mara, 2000.

RAT Maurice, *Dictionnaire des expressions et locutions traditionnelles*, Larousse, 1957.

REES Nigel, *The Cassell Dictionary of Catchphrases*, Cassell, 1995.
——, *A Man about a Dog*, Harper, 2008.
REY Alain, *Dictionnaire historique de la langue française*, Robert, 2006.
ROZAN Charles, *Petites Ignorances de la conversation*, Lacroix-Comon, 1856.
WEIL Sylvie, RAMEAU Louis, *Trésors des expressions françaises*, Belin, 1981.
Why Do We Say It?, Castle Books, 1985.

OUVRAGES DE RÉFÉRENCE

ALLEAU René (dir.), *Dictionnaire des jeux*, Tchou, 1964.
AUGÉ Claude, *Nouveau Larousse illustré*, Larousse, 1898-1904.
BERTHELOT (*et al.*), *La Grande Encyclopédie*, Lamirault, 1885-1902.
BESCHERELLE Louis-Nicolas, *Dictionnaire national*, Garnier, 1862.
BREWER Ebenezer Cobham, *Brewer's Dictionary of Phrase and Fable*, Cassell, 1997.
CHANCRIN Ernest, FAIDEAU Ferdinand, *Larousse ménager*, Larousse, 1926.
CHESNEL Adolphe, *Dictionnaire des armées de terre et de mer*, Armand Le Chevalier, 1866.
CORRÉARD Marie-Hélène, GRUNDY Valérie, (eds.), *Grand Dictionnaire Hachette Oxford*, Hachette, 2001.
Dictionnaire universel françois et latin (Dictionnaire de Trévoux), Libraires Associés, 1771.
DUPINEY DE VOREPIERRE Jean-François-Marie Bertet, *Dictionnaire français illustré*, Levy Frères, 1873.
Encyclopaedia Britannica, Encyclopaedia Britannica, 1911.
FRANCE Hector, *Dictionnaire de la langue verte*, Librairie du Progrès, 1907.
FURETIÈRE Antoine, *Dictionnaire universel contenant généralement tous les mots français, tant vieux que modernes et tous les termes des sciences et des arts*, A. & R. Leers, 1690.
GREVISSE Maurice, *Le Bon Usage*, Duculot, 1980.

The Holy Bible, Authorized King James Version, Collins' Clear-Type Press, 1949.

La Châtre Maurice, *Nouveau Dictionnaire universel*, Librairie du Progrès, 1898-1907.

Larchey Étienne Lorédan, *Dictionnaire historique d'argot*, Dentu, 1881.

Larousse Pierre, *Grand Dictionnaire universel*, Larousse & Boyer, 1865-1876.

Lecomte Jules, *Dictionnaire pittoresque de marine*, Bureau central de la France maritime, 1835

Littré Émile, *Dictionnaire de la langue française*, Hachette, 1863-1872.

McKean Erin (éd.), *The New Oxford American Dictionary*, Oxford University Press, 2005.

The Macmillan Dictionary of Contemporary Phrase and Fable, Macmillan, 2002.

Rey Alain, Chantreau Sophie, *Dictionnaire des expressions et locutions*, Robert, 1997.

La Sainte Bible, texte établi par Louis Segond, Maison de la Bible, 1942.

Westphal Alexandre, *Dictionnaire encyclopédique de la Bible*, Imprimeries réunies, 1956.

Sites web

Cambridge Advanced Learners' Dictionary and Thesaurus (2012-2013) : dictionary.cambridge.org/dictionary/british

The Free Dictionary (2012-2013) : www.thefreedictionary.com

Oxford English Dictionary (2012-2013) : www.oed.com

The Phrasefinder (2012-2013) : www.phrases.org.uk/meanings

Trésor de la langue française (2012-2013) : atilf.atilf.fr

Table

REMERCIEMENTS

Pour leur soutien immarcescible, je souhaite remercier Pierre Reboul, Henri Theureau et Bob Tharinger ; pour leur aide exceptionnelle, Gerlind Boettscher Klesse, Dan Breslaw, Carlos Conde Martinez, Marie-Hélène Corréard, Rosa Martinez Rodriguez, Vladimir Soloviev, Idelette Weiss ; et, pour son assistance inaltérable, Dorty Tounels.

Imprimé en France
FROC021525220119
20277FR00018B/245/P

9 782809 812701